Margit Burkhart

Das Best-Aging-Programm *für die Seele*

Margit Burkhart

Das Best-Aging-Programm *für die Seele*

Wendepunkt und Neubeginn!

Herbig

Die Ratschläge in diesem Buch sind von Autorin und Verlag sorgfältig geprüft, dennoch kann keine Garantie übernommen werden. Jegliche Haftung der Autorin bzw. des Verlages und seiner Beauftragten für Gesundheitsschäden sowie Personen-, Sach- und Vermögensschäden ist ausgeschlossen.

Besuchen Sie uns im Internet unter
http://www.herbig-verlag.de

Umschlag: Wolfgang Heinzel unter Verwendung
einer Illustration von Felix Weinold, Schwabmünchen
Lektorat: Gabriele Berding
Zitat S. 61 ff. aus: Brecht, Bertolt: »Die unwürdige Greisin«. Aus:
Werke. Große kommentierte Berliner und Frankfurter Ausgabe,
Band 18, © Suhrkamp Verlag Frankfurt 1995
Satz: EDV-Fotosatz Huber/Verlagsservice G. Pfeifer, Germering
Gesetzt aus: 11/14,4 Punkt Rotis Sans Serif
Druck und Binden: GGP Media, Pößneck
Printed in Germany
ISBN 3-7766-2373-X

Für meine Mutter

Wem sonst sollte ich ein Buch über Best Ager widmen?

Inhalt

TEIL 3
Einsteigen

ANHANG

Ist dies ein Buch für Sie?

Sie irren sich, wenn Sie glauben, dies Buch sei ein Leitfaden, der Ihnen zeigt, wie Sie am besten durch die Jahre kommen. Ohne Anstrengung? Ohne Aufregung? Unbeschadet?
Nein, so ein Buch ist das nicht!

Das Buch ist für Best Ager geschrieben! Sie fragen sich, wer oder was ist ein Best Ager? Die Antwort: besondere Menschen! Sie fallen aus der Rolle, weil sie sich aus dem »Einheitsbrei« der Masse herausheben. Sie sind anders! Best Ager zeichnen sich nicht durch eine genau definierte Altersgrenze aus. Nein, sie zeichnen sich dadurch aus, dass sie – egal in welchem Lebensjahrzehnt sie stehen – immer ein starkes Bedürfnis haben werden, beruflich und gesellschaftlich aktiv mitzuwirken. Best Ager wollen ihr ganzes Leben das tun, was sich lebendig und vitalisierend anfühlt. Best Ager sind flexibel und empfänglich für neue Ideen. Das Spektrum eines Best Agers beginnt beim chronologischen Alter von Mitte/Ende 40 und geht bis: ewig jung. Best Ager definieren sich selbst!

»Das Best-Aging-Programm für die Seele« fordert Sie auf: Seien Sie ungehorsam! Gehen Sie nicht den Weg, den jeder von Ihnen erwartet. Nein, gehen Sie durch die Jahre der Reife bis hinein in ein hohes Alter und bleiben Sie für den Rest Ihres Lebens immer am Puls des Zeitgeschehens und lassen Sie sich auf keinen Fall durch einengende gesellschaftliche Normen davon abhalten!

Es heißt auch, sich darüber klar zu werden, welchen Weg Sie gehen wollen, wenn sich Ihre Erwerbssituation verändert hat und Sie sich eine neue suchen müssen – Sie aber keine finden, weil Sie nicht mehr den Ansprüchen nach »jung, dynamisch und spritzig« genügen. Das kann Ihnen in der heutigen Gesellschaft schon mit Mitte 40 passieren!

Was dann?

Welchen Weg wollen Sie gehen? In den vorgezogenen Ruhestand? In die Depression? Oder den Weg zum Best Ager wählen? Aktiv bleiben. Im Kopf. Und im Leben.

Oder lassen Sie uns folgendes Szenario entwerfen: Sie stehen am Wendepunkt Ihres Lebens, weil Sie entdecken, dass es Ihnen mehr Befriedigung und ein Gefühl von Wertschätzung und Ansehen verschafft, wenn Sie einen radikalen Kurswechsel vollziehen. Denn Sie wollen die Entwicklung noch brachliegender Fähigkeiten fördern, auch wenn damit plötzliche Einschnitte in der bisherigen Lebensorganisation notwendig werden.

»Das Best-Aging-Programm für die Seele« ist auch für Menschen geschrieben, die bis einen Tag vor ihrem 65. Geburtstag noch zur Steigerung des Bruttosozialproduktes und damit zur Wertschaffung der Gesellschaft beitrugen und am Tag danach dieser Gesellschaft »zur Last fallen«. Einige von diesen Menschen haben aber immer noch ein starkes Bedürfnis, beruflich und gesellschaftlich Anerkennung zu finden. Und sie wollen sich nicht durch soziale und gesetzliche Bestimmungen um ihre Entfaltungsmöglichkeiten bringen lassen. Auch dadurch fallen sie aus der Rolle!

Es ist auch für die Frauen geschrieben, deren Lebensmittelpunkt die Familie und die Erziehung der Kinder war und die jetzt ihre eigene Entwicklung in das Zentrum ihres Lebens stellen wollen.

Nein, dies ist kein gewöhnliches Buch! Es ist vielleicht sogar ein wenig ketzerisch, denn es fordert Sie auf: Übernehmen Sie nicht die Rolle, die die Gesellschaft ab einem bestimmten Alter oder ab einer bestimmten Lebenssituation von Ihnen erwartet! Dieses Buch ist ein Schlüssel zum Aufbruch, und ich werde Sie immer wieder auffordern: Zimmern Sie sich eine neue Identität! Finden Sie Ihre wahre Identität! Denn jeder Mensch hat ganz besondere Fähigkeiten und jeder kann seine einzigartigen Talente entwickeln. Das ist das Thema dieses Buches! Um es mit Victor Frankls Worten, einem international bekannten Psychiater und Gründer der Logotherapie auf den Punkt zu bringen: *»Jeder hat im Leben seine eigene spezifische Mission oder Berufung ... Weder ist er in dieser zu ersetzen, noch lässt sich sein Leben wiederholen. Daher ist die Aufgabe eines jeden so einzigartig wie seine spezifische Möglichkeit, sie zu erfüllen.«*

Menschen, die diesen Weg gehen wollen und gehen sind Best Ager. Sie sehen immer – egal in welchem Lebensjahrzehnt sie stehen – die Chance, diese Gaben in sich zu entdecken und gerade in ihrer jetzigen Lebenssituation ihre unverwechselbare »Spezialität« zu entwickeln und damit sich und der Menschheit zu »dienen«. Das ist Best-Aging für die Seele!

Außerdem: Best Ager übernehmen die Verantwortung für ihre Gesundheit und geben sie nicht an der Garderobe des Staates oder der Arztpraxis ab! In Teil 2 gehe ich genauer auf diesen Punkt ein.

Seine Mission zu finden ist eine individuelle Angelegenheit und sie kann nur von Ihnen selbst entdeckt werden. Dieses Buch soll Ihnen Mut machen und Ihnen Wege aufzeigen, wie Sie Ihre Berufung finden können. Die Suche erleichtert ein Modell – welches in leichter Abänderung auf die Bedürfnisse von Best Agern zugeschnitten wurde. Es ist auf der Grundlage des Modells der einflussreichsten Experten im Bereich Karriere-/Lebensplanung aufgebaut und ist daher bestens geeignet, Sie dabei zu unterstützen, Ihre Berufung zu finden.

Das damit verbundene Margit-Burkhart-Training soll ein neuzeitliches Modell propagieren, in dem Menschen – unabhängig von einem Arbeitgeber und sozialen Netzen – ihren Lebensplan neu entwerfen. Das beinhaltet eine sie ausfüllende, selbstbestimmte Tätigkeit und das bis an das Ende eines erfüllten Lebens. Dazu braucht es den Mut, Dinge, wenn erforderlich, auch im Alleingang zu tun. Darin will ich Sie unterstützen.
Wenn Sie den Rest Ihres Lebens bewusst selbst bestimmen wollen, statt andere es für Sie definieren zu lassen, dann ist dieses Buch richtig für Sie.

Ich begleite Sie ein Stück auf Ihrem Weg, der »Faszination Zukunft« heißen kann.

Es ist meine Vision und Mission, mich mit meinem Best-Aging-Programm für individuelle Verwirklichungsmöglichkeiten einzusetzen und bei der Entwicklung Sinn gebender Lebenskonzepte unterstützend zur Seite zu stehen. Besonders für Minderheiten und Randgruppen. Für Best Ager!

Ihre

Einleitung

Ich gehöre nicht zu den Menschen, die das Glück hatten, von Anfang an den Beruf auszuüben, der ihren wahren Talenten entspricht. Erst die kritische Auseinandersetzung mit der Frage danach, was es bedeutet, ein gutes Leben zu leben und was ich wirklich brauche, um glücklich zu sein, ließ mich die Antwort finden: Eine Arbeit zu tun, für die man vom Wesen her »geschaffen« ist, zu der man sich »berufen« fühlt. Auf die man stolz ist und die den eigenen Selbstwert stärkt.

Es hat fast ein halbes Leben gedauert, bis ich diese Selbsterkenntnis in mein Leben einbringen konnte, meine Einsichten und Erkenntnisse auch umsetzte – und trotzdem beginne ich jeden Tag aufs Neue, aus den gewonnenen Einsichten heraus konsequent zu leben. Ob diese Einsichten endgültig sind, weiß ich nicht! Es spielt auch keine Rolle.

Drei Begriffe pflastern den Weg zu einem sinnvollen Leben als Best Ager: Selbstwert, Identität und Selbstsorge. Das sind die drei tragenden Elemente, auf denen ein Leben als Best Ager aufgebaut ist. Wird eines dieser Elemente ungenügend beachtet, gerät das ganze Gebäude ins Wanken und schmerzhaftes Altern mit Depressionen, dem Gefühl von Einsamkeit und Wertlosigkeit, Verfall und Krankheiten können die Folge sein. Diese drei Wörter – Selbstwert, Identität und Selbstsorge – und das, wofür sie stehen – ziehen sich wie ein roter Faden durch dieses Buch und sollten sich auch wie ein roter Faden durch Ihr Leben ziehen.

Dieses Buch ist in der Absicht entstanden, Ihnen zu helfen, so früh wie möglich für sich den richtigen Weg zu finden. Ja, eine neue Balance zu finden zwischen Beruf(ung) und Privatleben, die die Frage beantwortet: Was will ich von meinem Leben? Das Schreiben dieses Buches, eine lange Zeit, in der jeder Tag und die halbe Nacht der Arbeit an diesem Thema gehörten, gab mir selbst die Chance zu erkennen, was für mich wichtig ist – und auch für meine Leserinnen und Leser sein könnte. Ich habe genau das Buch geschrieben, das ich selbst gerne vor zehn Jahren gelesen – und danach gehandelt hätte. Was ich mir von Ihnen als Eigeninitiative erhoffe, das habe ich auch selbst für mich geleistet.

Ich bin meine eigene Antreiberin und kann vielleicht für eine kurze Zeit – so lange Sie dieses Buch lesen – auch Ihre sein. Ich versuche, Ihr Interesse für die Zukunft zu wecken. Sie aus dem Gewohnten hinauszuführen, in Ihre Augen ein Aufleuchten als Zeichen der Neugierde und der Freude am Neuen zu bringen und Ihre Lust am Leben zu erhalten – oder vielleicht sogar wieder zu erwecken. Das ist Weg und Ziel für mich – und vielleicht auch für Sie. Vielleicht mag der eine oder andere Hinweis in diesem Buch Ihnen helfen, zu erkennen, wo Sie möglicherweise zu sehr von Ihrem Weg abgekommen sind, wo Sie vielleicht in eine Sackgasse geraten sind und in welche Richtung es für Sie weitergehen könnte. Anti-Aging-Konzepte, die Ihnen mit den neuesten, besten und teuersten Techniken eine faltenfreie Zukunft versprechen, werden Sie in diesem Buch nicht finden.

In diesem Buch finden Sie dagegen ein aufregendes und Erfolg versprechendes Konzept, das es Best-Ager-Anfängern ermöglicht, richtige Best Ager zu werden! Die ersten drei Kapitel haben sehr viel mit Chancen und Möglichkeiten zu tun, dem

eigenen Potenzial näher zu kommen. Der Blick in die Zukunft, auf das, was vor uns liegt, macht sich bezahlt, und wir gehören zu den Gewinnerinnen und Gewinnern, wenn wir neue Chancen ergreifen und optimistisch den Blick nach vorne richten. In den letzten drei Kapiteln entscheidet Ihre aktive Mitarbeit über Ihre Zukunft und über Ihre Vision eines erfüllten Lebens.
Bitte überspringen Sie keines davon!

Ich bin überzeugt davon, dass die kleine Elite von Best Agern, die es bereits in dieser Welt gibt, von Jahr zu Jahr größer wird, weil es immer mehr Menschen gibt, die durch ihren eigenwilligen Lebensstil, durch ihre ungebrochene Begeisterung und kompromisslose Offenheit für alles Neue aus der Rolle fallen und mir – und vielleicht auch Ihnen – immer ein Vorbild sein werden.

Ich suche diese Best Ager in keiner bestimmten Zielgruppe und auch nicht in einer bestimmten Generation. Aber ich werde sie erkennen. Bestimmte Typen von Menschen erkennen sich – egal wo sie sich treffen. Sei es auf den Flughäfen dieser Welt, auf den Bahnhöfen großer Städte ... und ein leises Lächeln in den Augen, ein kleines Nicken, kaum wahrnehmbar für andere, ist ein Zeichen des gegenseitigen Erkennens. Ich habe es viele Male erlebt.

TEIL 1

Aussteigen

Sieben Tage Sonntag

Von der Geburt bis etwa zum vierten Lebensjahr sind wir wie ein Schwamm. Wir saugen alles in uns auf. Wir orientieren uns am Verhalten unserer Eltern, ahmen sie nach, orientieren uns an ihren Werten und übernehmen sie. Als junge Menschen jagen wir unseren Träumen hinterher, rasen durchs Leben und werden von den Erwartungen anderer vorangetrieben. Mit 20 bis 30 gründen wir meist eine Familie, sind für andere da, erfüllen unsere häuslichen Pflichten und verfolgen mehr oder weniger – je nachdem, wo unser Schwerpunkt liegt – unsere beruflichen Ambitionen. Mit 40 haben wir vielleicht die Karriereleiter im Laufschritt erklommen. Mit 50 haben wir fast alles erreicht. Fast alles? Auch den Sinn des Lebens? *Das Leben hat erst halb begonnen!* Zeit zum Innehalten! Es ist Zeit, uns auf uns zu besinnen. Zeit, unsere Wahrnehmung zu ändern und grundsätzliche Entscheidungen zu treffen. Auch Zeit, uns zu fragen: »Was will ich tun, wenn die Dinge, die ich jetzt mache, ihre Gültigkeit verlieren? Was will ich tun, wenn keine Kinder mehr zu versorgen sind? Was will ich tun, wenn ich plötzlich alleine dastehe, aus welchen Gründen auch immer? Was will ICH? Finde ich später mein Heil in ehrenamtlichen, sozialen Projekten? Oder ist es Müßiggang, der künftig mein Leben lebenswert macht?«

Das, glaube ich, kann nicht der Weg zu einem erfüllten Leben sein. Und in diesem Glauben haben mich die Zuschriften und die Gespräche mit den Lesern und Leserinnen meines ersten

Buches: *»Gewöhnen Sie sich das Altern ab!«* bestätigt. Ich glaube an die Botschaft meines Buches: *»Gewöhnen Sie sich das Altern ab!«*, weil es einen Weg aus der Alterskonditionierung zeigt, der wir alle unterliegen und die viele Menschen in ein liebloses, einsames, hilfloses Leben führt. *»Regeln, die Sie unbedingt ignorieren müssen!«* war ein Thema in diesem Buch, in dem ich die Leser auffordere, bewusst ihr weiteres Leben zu planen. Die Reaktionen haben mir gezeigt, wie wichtig es für die Menschen ist, sich einer sinnvollen Tätigkeit zu widmen. Diese individuell für sich selbst herauszufinden, ist deshalb ein Hauptthema meines zweiten Buches.

Während einer einstündigen Radiosendung im österreichischen Rundfunk, in der mein Buch vorgestellt wurde und die Hörer und Hörerinnen ihre Fragen an mich richten konnten, stellte ich fest, dass die meisten Anrufer über 80 Jahre waren. Das hat mir erneut bestätigt, dass auch in diesem Lebensabschnitt eine sinnvolle Beschäftigung das Elixier zum Leben ist.

Wir brauchen ein Sinn gebendes und zielgerichtetes Leben, damit unser Leben lebenswert ist. Baghwan Shree Raihneesh (Osho), der Poona-Gründer erzählt im »Buch der Geheimnisse« die Geschichte eines Mannes, der an der Himmelspforte steht und erfährt, dass all seine Wünsche von einem ihm zugeteilten Aufseher sofort erfüllt werden. Der Mann wünscht sich eine Mahlzeit und sofort erschafft der Aufseher eine üppig gedeckte Tafel. Der Mann wünscht sich Unterhaltung und schon zaubert der Aufseher eine Gruppe Schauspieler und Musikanten zu seinem Vergnügen herbei. Er äußert sexuelles Verlangen und sogleich erscheinen schöne Frauen, um seine erotischen Fantasien zu erfüllen. Anfangs ist der Mann fasziniert, doch schon nach ein paar Tagen langweilt er sich und er bittet den Aufseher, ihm eine Arbeit zu beschaffen. Dieser teilt ihm höflich mit, dass er ihm alles geben könne, nur keine sinnvolle Arbeit. Da sagte der Mann: »Aber ich kann nicht leben, ohne etwas Nützliches zu tun. Sonst komme ich mir vor wie in der Hölle!« Worauf der Aufseher antwortet: »Was dachtest du denn, wo du bist?«

Ich glaube, dass sieben Tage Sonntag die Hölle sein können. Es entspricht einfach nicht unserer Natur. Selbst reiche Leute wie z. B. Bill Gates, Ted Turner oder Donald Trump legen ihre Hände nicht in den Schoß und langweilen sich an ihren Pools zu Tode, weil es einfach auf Dauer nicht glücklich macht.

»Wo Veränderung fehlt, da herrscht Langweile« – so Stefan Klein, der Autor des Buches *»Die Glücksformel«*, der darin den Schriftsteller Ernst Jünger zitiert, der noch einen Schritt weitergeht und sagt: *»Langeweile ist verdünnter Schmerz.«*

Viele Leser – meist Leserinnen – teilten mir mit, dass sie sich ein Folgebuch wünschten, das sich speziell mit dem Thema »Das zweite Leben planen« befasst und das auf die besondere Situation und die besonderen Bedürfnisse von Menschen eingeht, für die es keinen »Stellenmarkt« mehr gibt. Ich hoffe, dass sich diese Leserinnen auch in diesem Buch wiederfinden.

Von Generation zu Generation halten wir die starren Vorteile über das kommende Alter in uns lebendig. Wir halten fest an dem Gedanken, dass wir die letzten Jahre unseres Lebens eine Außenseiterrolle in der Gesellschaft spielen müssen. Einsam und wertlos. Wir bleiben mit dem Gefühl zurück, dem unausweichlichen Prozess von Stagnation, Verfall und Auflösung ausgeliefert zu sein, ausgelöst durch eine erzwungene Untätigkeit.

Neigen Sie bitte nicht dazu, so ein Leben als unabänderliches Schicksal zu akzeptieren. Sie können diesen Prozess unterbrechen, indem Sie sich innerlich »wandeln« und Ihre Einstellung, Ihre Erwartung und Ihre inneren Bilder, wie der Rest Ihres Lebens zu sein hat, verwandeln. Sie können Einfluss nehmen, indem Sie Ihre Lebensqualität durch die Pflege Ihrer geistigen und körperlichen Leistungsfähigkeit beibehalten und sich für den Rest Ihres Lebens einer sinnvollen Tätigkeit widmen.

Natürlich ist das Leben einem steten Wandel unterworfen. Wir dürfen nur nicht stehen bleiben und alles als schicksalsgegeben hinnehmen. Ich bin sicher, dass das menschliche Altern durch unsere Bewusstheit in den kommenden Jahren eine neue Dimension erfahren wird. Wir haben die Chance mit unserer gewachsenen Erfahrung, mit unserer Reife und mit unserer Weisheit ein erfülltes, ein glückliches zweites Leben zu genießen.

Steigen Sie aus, aus diesem alten Denken. Verabschieden Sie die Vergangenheit, damit Sie die Zukunft nicht verpassen.

Ein neuer Blickwinkel

Arbeit ist ein Instrument zur Selbstverwirklichung,
Selbstentfaltung und Selbsterhaltung.
Langeweile ist ein Verbrechen an sich selbst.

»Der ärmste Mensch ist der,
der keine Aufgabe mehr hat.«

Albert Schweitzer (1857–1965)

Literaturtipp:
Margit Burkhart: *Gewöhnen Sie sich das Altern ab!*

Das Sinnloch

Lassen Sie mich Ihnen folgende Geschichte erzählen:
Sie war in einer musischen Familie aufgewachsen und lernte neun Instrumente perfekt zu spielen. Sie wurde zur Lehrerin ausgebildet und ihr Leben war wohl behütet, bis sie 1946 aus ihrer Heimat vertrieben wurde. Neben ihrem Beruf zog sie ihre zwei Kinder fast alleine groß. Auf ihren Mann, ebenfalls künstlerisch begabt, konnte sie sich immer weniger verlassen. Er hatte den Verlust der Heimat nie überwunden und entwickelte sich mehr und mehr zum Trinker. Trotz der Mehrfachbelastung durch Beruf, Kindererziehung und die Versorgung eines Alkoholikers fand sie nebenbei noch Zeit, Gedichte zu schreiben und sich als freie Mitarbeiterin für ihre Heimat- und Regionalzeitungen zu engagieren.

Nach dem Ausscheiden aus dem Schuldienst gründete sie eine private Musikgruppe und gab noch nebenbei Musikunterricht. Als ihr Mann an Krebs erkrankte, gab sie alles auf und richtete ihre ganze Aufmerksamkeit auf die Versorgung ihres Mannes. Er starb nach fünf Jahren aufopfernder Pflege. Nach dem Tod ihres Mannes versank sie jedoch in Apathie und Einsamkeit und ihr Leben verlor seinen Sinn. Da sie niemanden mehr zu versorgen hatte und ihren Kindern nicht zur Last fallen wollte, zog sie sich immer mehr zurück. Sie entwickelte eine regelrechte soziale Phobie, denn niemand sollte sehen, dass sie kaum noch Kraft hatte, die einfachsten Dinge des täglichen Lebens zu bewältigen. Alle Versuche ihrer Kinder, sie dazu zu bewegen, wieder ihre Musikgruppe zu gründen, schlugen fehl.

Ihre Tochter brachte sie zu mir, da ich ganz in der Nähe meine psychotherapeutische Praxis hatte. In vielen Gesprächen stellte sich heraus, dass ihr ganzes Leben im Grunde genommen leer war. Sie hatte zwar Kinder geboren und erzogen, aber nie ein Eigenleben geführt. Ihre Ehe war unglücklich, sie blieb aber in dieser Ehe wegen der Kinder. Sie begab sich ganz in die Rolle der versorgenden Ehefrau und liebenden Mutter. Als die Kinder aus dem Haus gingen und ihr Mann starb, hatte sie die ihr »vorgeschriebene Rolle«, die sie für normal hielt, verloren.

Ihre musische und kreative Begabung hatte sie tief in ihrem Innern begraben. Als Ehefrau und Mutter hatte sie immer geglaubt wegen dieser Vorlieben ein schlechter Mensch zu sein. Sie hatte Germanistik studiert, was sie nicht besonders leiden konnte, aber sie hatte geglaubt, es mögen *zu sollen*. Ihre Erziehung und ihr Glaube im Hinblick auf die Rolle, die ihr als Frau zustand, hinderte sie daran, ein Eigenleben zu führen.
Sie hatte dieses Muster schon so lange gelebt, dass sie jetzt, mit 67 Jahren, nicht mehr in der Lage war, es zu löschen. Sie hatte die Termine bei mir nur wahrgenommen, um ihre Tochter »nicht zu enttäuschen«. In einer intensiveren Therapie sah sie keinen Sinn, nein, sie fühlte sich zu alt dazu. Und sie wollte einfach nicht mehr leben!

Drei Jahre später las ich ihre Todesanzeige in der Zeitung. Sie verstarb nach »kurzer schwerer Krankheit«.

Fälle wie dieser hat der amerikanische Krebsspezialist und Autor, Dr. Lawrence LeShan in seinen Büchern oft beschrieben.

Er zieht daraus den Schluss: *»Oft war die Hoffnungslosigkeit dadurch hervorgerufen worden, dass die Betroffenen ihren Lebensmittelpunkt verloren hatten und nicht imstande waren, dies durch etwas anderes zu ersetzen. Unter den Verwitweten gab es viele, die den Partner zum Zentrum des Lebens, ja zu ihrer Existenzberechtigung schlechthin gemacht hatten.«*

Es gibt unzählige Publikationen, in denen der Einfluss seelischer Probleme, ständigen Niedergedrücktseins, plötzlicher Schicksalsschläge auf die Anfälligkeit für Krebserkrankungen dokumentiert wurde. Es muss nicht immer der Verlust einer Person sein, es kann auch der Verlust der Hoffnung sein, überhaupt jemals eine tiefe Befriedigung im Leben zu verspüren. Obwohl viele Menschen in ihrem Beruf erfolgreich wurden und zu Ruhm und Ansehen kamen, mussten sie sich eingestehen, dass diese Erfolge in ihnen keine andauernde Begeisterung entfachten und kein wirkliches Vergnügen bereiteten. Sie hatten die Hoffnung aufgegeben, jemals diese tiefe Befriedigung zu finden.

LeShan erzählt eindrucksvoll die Geschichte einer Frau, die an Brustkrebs erkrankt war und bei der sich Metastasen gebildet hatten. Aus medizinischer Sicht konnte nichts mehr für sie getan werden. Sie suchte die Hilfe eines Psychotherapeuten (es war LeShan), in der Hoffnung, dabei Unterstützung zu finden, wie sie am besten die restliche Zeit von jetzt an bis zu ihrem Ende leben sollte. Sie erzählte, dass es immer ihr Wunsch gewesen sei, auf einem Ozeandampfer um die Welt zu reisen, doch die Umstände hätten es ihr nie erlaubt. Sie meinte lachend, dass sie im früheren Leben wohl ein Seemann gewesen sei, weil sie fest davon überzeugt war, ein Leben auf See wäre das Ideale für sie. Sie berichtete, dass ihre schönsten Lebensjahre die vor ihrer Ehe und während der ersten zehn Ehejahre gewesen seien, als sie in einem Modesalon in Chicago als Verkäuferin gearbeitet hatte. Zu dieser Zeit habe sie oft Reiseprospekte von fernen Ländern durchblättert und von Reisen auf Schiffen und Kreuzfahrten geträumt. Dann waren die Kinder auf die Welt gekommen und sie war ganz in ihrer Rolle als Hausfrau und Mutter aufgegangen. Doch ihre glücklichen Erinnerungen betrafen die frühen Jahre. Da sie bereits verwitwet war und ihre Kinder am anderen Ende des Kontinents lebten, gab es nichts, was sie zurückhalten konnte, als ihr vorgeschlagen wurde, alles Geld in eine ausgedehnte Schiffsreise zu stecken. Sie war zunächst besorgt, was ihr alles auf dem Schiff passieren könnte, da sie ja krank war. Doch ihr Arzt beruhigte sie und meinte: »Was könnte Ihnen denn auf dem Schiff passieren, was nicht auch an Land passieren würde?« Da sie noch zwei Monate – laut der Aussage ihres Arztes – zu leben hatte, kratzte sie ihr ganzes Geld zusammen und mietete sich für eine Weltreise eine Kabine erster Klasse. Nach vier Monaten stürmte sie in die Praxis ihres Arztes und schimpfte mit ihm. Sie meinte: »Also, jetzt habe ich mein ganzes Geld ausgegeben und nun bin ich pleite und lebe immer noch!« Sie berichtete ihm, wie sehr sie sich auf dem Schiff zu Hause gefühlt habe. Da ihr Arzt Freunde bei einer Schifffahrtsgesellschaft hatte, besorgte er ihr auf einem der Schiffe eine Stelle in einer Boutique. Ihre Krebserkrankung war bereits während der ersten Schiffsreise zum Stillstand gekommen und bildete sich während der nächsten Jahre langsam weiter zurück. Über viele Jahre hinweg schickte sie ihrem Arzt und ihrem Therapeuten Ansichtskarten.

LeShan meinte an anderer Stelle, immer wenn er mit Patienten arbeite, die ihren Lebenssinn verloren hätten, denke er an den

Dichter W.H. Auden, der den Krebs als *»vereiteltes kreatives Feuer«* bezeichnet hat.

Unerwartete Schicksalsschläge können uns aus der Routine unseres Lebens herauskatapultieren. Der Verlust eines Partners, eine ernste Krankheit, eine schwere finanzielle Krise oder der Verlust einer sinnvollen Tätigkeit können uns veranlassen, unser Leben aus einer anderen Perspektive zu betrachten. Während meiner Psychologieausbildung sagte der Dozent öfters: »Gehen Sie auf die Galerie und schauen Sie von oben auf Ihr Leben. Stellen Sie sich die Frage: ›Was ist wirklich wichtig für mich? Warum tue ich das, was ich tue?‹« Wenn wir auf der »Galerie« stehen, sind wir weniger involviert und können uns mit einem gewissen emotionalen Abstand diese Fragen stellen. Und vielleicht auch die richtige Antwort erhalten. Dann fällt es uns leichter, festzustellen, auf was es im Leben ankommt, wer wir sind und wer wir sein wollen. Es gibt uns auch die Gelegenheit, nachzudenken, wie es ist, sich mit einem Leben abzufinden, das man nicht selbst gewählt hat.

Wir müssen anfangen, in größeren Dimensionen zu denken als an das Heute und Morgen. Wir müssen an die Zukunft denken! Ein Ende bedeutet auch immer einen Neuanfang. Es ist ein Neuanfang, den nur Sie alleine bewerkstelligen. Ohne Zwang durch Dritte!

Der einzige Grund, nicht auf ein erfülltes, reiches Leben zurückblicken zu können und in ein Sinnloch zu fallen, wäre Ihr Glaube. Ihr Glaube, dass Ihr Leben so sein müsse! Sinnentleert!

Ein neuer Blickwinkel

Stellen Sie sich die Frage: *»Wie fühle ich mich bei dem, was ich da gerade mache?«*

Hören Sie in sich hinein und suchen Sie die Antwort. Es bringt Sie näher zu dem, was Sie wirklich wollen. Und Sie fangen an, sich ernst zu nehmen!

»Wer nichts verändern will, wird auch das verlieren, was er bewahren möchte.«

Gustav Heinemann (1899–1976)

Literaturtipp:
Lawrence LeShan: *Psychotherapie gegen den Krebs*

Krank durch Nichtstun

Endlich Zeit zum Ausschlafen! Ach ja, und der Garten, seit vielen Jahren stiefmütterlich behandelt, bekommt jetzt endlich die volle Aufmerksamkeit. Es gibt 100 Dinge, die im Haus »zu machen« wären. Der Dachboden gehört endlich mal entrümpelt. Die Bücherregale sollten entstaubt werden. Der Kleiderschrank muss dringend vom Plunder der letzten Jahre befreit werden. Eine Stange fehlt schon lange in der Vorratskammer, um diverse Utensilien aufzuhängen.
Da sind noch einige Aktenordner auszumisten und endlich die Winterschuhe zum Schuster zu bringen. Eine Fensterscheibe im Keller, die schon seit ewiger Zeit einen Sprung hat, muss ausgetauscht werden. Tausend Dinge brauchen unsere Aufmerksamkeit. Endlich Zeit, all diese Dinge zu tun.

Und doch schleicht sich irgendwann das Gefühl der Leere ein, das Gefühl, nichts wirklich Wichtiges zu tun und nicht mehr gebraucht zu werden und nicht mehr wichtig zu sein. Auch die Stunden auf dem Tennis- oder Golfplatz können diese Leere nicht ausfüllen.
So erging es auch Victor, dem Mann einer Teilnehmerin aus einer meiner ehemaligen Gruppen. Er war einverstanden, dass ich seine Geschichte hier erzähle.

Er war ein erfolgreicher Geschäftsmann. Seine Intelligenz und sein Ehrgeiz haben ihm dazu verholfen, eine hohe Position zu bekleiden und ein Fachmann auf seinem Gebiet zu werden. Er vertrat immer die Meinung, dass man jungen, aufstrebenden Menschen rechtzeitig den Platz frei machen solle und ihnen nicht durch das Festkrallen am Chefsessel bis ins siebte Lebensjahrzehnt hinein den Weg nach oben verbauen solle.

Nachdem er noch einige Jahre im Aufsichtsrat seiner Firma tätig gewesen war, ging er mit 62 Jahren in Pension. Er freute sich, Zeit für sich zu haben, um endlich Tennis und Golf zu spielen, so viel und so oft er wollte. Er war sein ganzes Leben ein sportlicher Mensch gewesen und seine Leidenschaft, sich zu bewegen, war wegen seinem stressigen Job einfach zu kurz gekommen.

Er nahm jetzt öfters an Turnieren teil und war in vielen Klubs ein gern gesehener Spielpartner. Er hatte sich sehr auf die Zeit seiner Pensionierung gefreut. Doch nun musste er feststellen, dass er in zunehmenden Maße immer frustrierter wurde. Das, was sein Leben nun ausmachte, war ihm nicht genug und er sehnte sich nach etwas ganz anderem. Nur wusste er nicht, nach was.

Er reiste mit seinen Sportfreunden nach Portugal, um dort auf den schönsten Plätzen Golf zu spielen. Er wohnte in einem Luxushotel und spielte bereits am frühen Morgen Tennis und am Nachmittag Golf. Das Wetter war traumhaft schön und doch wünschte er sich auf einmal, es würde regnen, damit er all diese Termine nicht wahrnehmen müsste und einfach nur dasitzen könnte.

Einige Monate nach seinem Urlaub traten die ersten Beschwerden des Verdauungsapparats auf und er unterzog sich einer onkologischen Untersuchung. Es wurde Dünndarmkrebs diagnostiziert. Er wurde operiert und musste sich danach einer Chemotherapie unterziehen. Er hatte immer weniger Energie, um irgendetwas zu tun. Er interessierte sich kaum noch für seinen Sport. Er saß meist im Haus herum und sah fern und las Zeitschriften. Er kam sich einsam und verloren vor. Ständig war er müde und erschöpft.

Einer seiner Freunde überredete ihn, psychotherapeutische Hilfe in Anspruch zu nehmen. Er mochte auf Anhieb seinen Therapeuten und so begannen sie mit der Arbeit an seinen Problemen. Sein Hauptproblem war seine ständige Müdigkeit, die sich auch nicht durch ausreichenden Schlaf beheben ließ.
Der Ansatz seines Therapeuten leuchtete ihm ein, der ihm erklärte, dass seine chronische Erschöpfung eher durch blockierte Energie als durch einen Mangel an Energie verursacht wurde.

In vielen Gesprächen wurde beiden klar, dass er den Sinn seines Lebens verloren hatte. Er hatte sein vorheriges Leben geliebt. Victor kam aus einer Arbeiterfamilie und musste sich sein Studium selbst verdienen. Seit seiner Jugend hatte er gearbeitet und seine volle Konzentration auf sein berufliches Fortkommen gerichtet und dieses Leben hatte ihm viel Freude bereitet. Er hatte es zu großem geschäftlichen Erfolg gebracht und seine beruflichen Aktivitäten waren der Mittelpunkt seines Lebens gewesen.

Er wusste, dass er nun depressiv und antriebslos war und er wusste, dass die Botschaften, die er seinem Körper sandte – nutzlos und wertlos zu sein – nicht dazu beitrugen, sein Immunsystem zu stärken. Aber es gab nichts, was sein Interesse

wecken konnte. Er war weiterhin passiv und ließ sich treiben. Ein Jahr später wurden Metastasen festgestellt. Er musste sich wieder einer Chemotherapie unterziehen.
Er hing so sehr an der Vergangenheit und trauerte unentwegt den zwei wichtigsten Dingen nach, die er sein ganzes Leben mit Begeisterung ausgeübt hatte: seinem Beruf und seinem Sport. Beides fiel jetzt weg. Was blieb, war Leere.

Für seinen Therapeuten schien jetzt die wichtigste Frage zu sein, was ihn neben seinem Sport und seinem Beruf noch interessiert hatte. Welche Zeitschriften hatte er gerne gelesen? Über welche Themen – außer Tennis, Golf und Beruf – sprach er außerdem noch gerne?
Ganz langsam stieg sein Energiepegel, als er begann, sich intensiv mit den Umweltproblemen anderer Länder zu beschäftigen. Er hatte sich früher schon dafür interessiert, jedoch ohne sich besonders zu engagieren. Er besorgte sich Literatur, besuchte Seminare und trat einer Organisation bei, die sich genau mit dieser Problematik befasste. Er lernte eine Gruppe sehr engagierter und intelligenter Leute kennen, die sich in einer Arbeitsgruppe mit den Langzeitwirkungen von biologischen Düngemitteln und deren Anwendungsweise – sie sollten keine Gewässerbelastung verursachen – befasste. Er arbeitete hart und verlangte sich alles ab. Seine Energie und Schaffenskraft der früheren Jahre standen ihm fast wieder voll zur Verfügung und er nutzte seine Vitalität, die er früher für seine eigene Karriere eingesetzt hatte, für sein neues Projekt. Um körperlich fit zu bleiben, widmete er seine geringe Freizeit wieder ganz seinem Sport.
In den darauf folgenden Jahren wurden bei den regelmäßigen Kontrolluntersuchungen keine weiteren Krebsherde mehr festgestellt.

Bei unserem Gespräch fragte ich ihn zum Schluss, ob er jetzt glücklich sei. Er antwortete mir: »Wenn man das verliert, was Leben bedeutet, könnte man genauso gut tot sein. Und ich habe mein Leben wieder gefunden.«

Es ist schlimm, mit ansehen zu müssen, wie jemand seinen Lebenswillen verliert. Wie eine nicht gebrauchte Batterie verliert der menschliche Körper langsam an Kraft und Energie. Dieser Prozess hat weniger mit dem Älterwerden zu tun als mit der Tatsache, dass nichts Neues und nichts Aufregendes mehr im Leben geschieht. Die größte Bedrohung für das Leben eines Menschen besteht darin, keinen Sinn mehr im Leben zu finden. Sich wertlos zu fühlen. Viele Studien haben gezeigt, dass Menschen, die bis an ihr Lebensende eine sinnvolle, kreative Aufgabe erfüllten, besser alterten als diejenigen, die unglücklich und depressiv waren. Wer sich nicht rechtzeitig auf den »Ruhestand« einstellt und sich eine Beschäftigung sucht, die auch in dieser Phase seines Lebens noch für ihn von Bedeutung ist, den können Depression und Angst wie eine Lawine überrollen.

In den ersten Jahren nach Beginn des Ruhestandes nehmen die Fälle von Herzattacken und Krebs zu und ein frühzeitiger Tod ereilt besonders Männer, die sonst während ihres gesamten Arbeitslebens vollkommen gesund gewesen waren. Aus psychologischer Sicht wird der frühzeitige Rentnertod, wie dieses Syndrom genannt wird, als eine Folge dafür gesehen, dass die eigenen nützlichen Tage vorüber sind. Wobei es gleich ist, ob die Männer mit 55, 60 oder 70 Jahren oder wann auch immer aus dem Berufsleben ausschieden. Der abrupte Wechsel von der Position einer wichtigen Person mit Macht und Wichtigkeit in die Rolle eines – so wie viele glauben – künftig bedürfnislosen, abhängigen und hilflosen Niemands gelingt den wenigsten. So ist aber die gängige Vorstellung von der sozialen Rolle eines alten Menschen. So wie wir sie von Generation zu Generation vorleben und weitergeben.

Ich kann mich gut an eine Kollegin erinnern, deren Mann einige Jahre vor ihr in den Ruhestand ging. Es fiel ihm schwer, von heute auf morgen seinen Bereich, für den er alleine verantwortlich war, aufzugeben. Er hatte es versäumt, rechtzeitig loszulassen und sich auf die Zeit danach einzustellen. Also suchte er sich ein neues Betätigungsfeld. Und das war der Haushalt seiner Ehefrau. Verfärbte Wäsche, jede Menge zerbrochenes Porzellan, im Wasser gereinigte Kleinelektrogeräte und in Plastikschüsseln zubereitete Aufläufe im Backofen waren noch das Wenigste, was zu Bruch ging. Drei Jahre später – nach ihrer Pensionierung – starb die Ehefrau an Brustkrebs.

Ein neuer Blickwinkel

Wir brauchen die Herausforderung und Stimulierung durch Aufgaben, die wir lösen können.

Aus jeder Krise kann eine Chance werden, wenn wir uns eingestehen, dass wir unzufrieden, gelangweilt, einsam und unausgelastet sind.

Nur: Von alleine rettet uns niemand.
Wir müssen selbst die Initiative ergreifen.

»Begeisterung und Optimismus
sind die Beine des Lebens.«

*Peter E. Schumacher (*1941)*
deutscher Aphorismensammler und Publizist

Routine

Dieses Gefühl, dass nichts Neues und nichts Aufregendes mehr in seinem Leben geschieht, trifft nicht nur die Rentner oder Frühpensionierten. Selbst wenn man noch mitten im Berufsleben steht, können schon alle Zeichen auf Sturm stehen und anzeigen, dass es höchste Zeit für einen Kurswechsel ist. Manchmal muss man schon viel früher aussteigen und sich von der Vergangenheit verabschieden.

Es beginnt meist schleichend, indem man immer öfters während des Tages auf die Uhr schaut und feststellt, dass die Zeit dahinschleicht. Das nächste Indiz zeigt sich in dem Modell »Aus 7 mach 17«. Das heißt, man schaut schon Ende des Jahres auf den Kalender des neuen Jahres, um auszurechnen, wie man aus 7 Feiertagen mit so wenig wie möglichen Urlaubstagen auf 17 freie Tage kommt, sodass man eine längere Auszeit nehmen kann.

Für mich selbst war meine zuletzt ausgeübte Tätigkeit als Sekretärin und Assistentin der Betriebsleitung bei einem großen Verband mein ganzer Lebensinhalt. Meine ganze Energie habe ich in diesen Beruf gesteckt. Ich freute mich schon sonntags auf den Montag. Auch das Umfeld konnte nicht schöner sein. Ich hatte ein wunderschönes Büro, eine Art Glaspavillon mit Blick auf einen kleinen Teich. Der Gärtner hatte Sträucher und Blumen gepflanzt, von denen zu jeder Jahreszeit welche blühten. Wenn ausländische Gäste zu Besuch waren, lächelten und verbeugten sie sich voller Anerkennung. Sie hielten mich – wegen der Lage und der Größe meines Büros (es war größer als das meines Vorgesetzten) – immer für eine »hoch dotierte Führungskraft«. Es herrschte ein wunderbares Betriebsklima. Ich verstand mich sehr gut mit meinem Chef und den Arbeitskollegen und für viele war ich die erste Anlaufstelle, egal ob es um private oder geschäftliche Probleme ging. Dort wegzugehen, wäre mir damals nie in den Sinn gekommen, denn ich fühlte mich als Teil eines Ganzen und am Puls des Geschehens. Nach sieben Jahren – das kritische siebte Jahr! – schweiften meine Gedanken während den Sitzungen und Besprechungen immer öfters ab. Ich war unkonzentriert und irgendwie lustlos. Während einer Tagung in Leipzig wurde mir klar, dass ich so nicht weiterleben wollte. Ich schaute auf den Vortragenden ohne ihm zuzuhören und dachte plötzlich: »Was mache ich eigentlich hier? Das alles interessiert mich doch überhaupt nicht!« Dann kamen die Sonntage, an denen ich mich vor den Montagen fürchtete. Vor der Routine! Immer das Gleiche! Post öffnen, sortieren, verteilen. Briefe schreiben, Angebote einholen, Aufträge erteilen, Protokolle anfertigen. Sitzungen und Veranstaltungen organisieren. Ich war von einer inneren Unruhe ergriffen, die aber auch etwas Positives hatte: Sie schützte mich davor, mich auf Gewohnheiten und Routine abzustützen und förderte meine offene und neugierige Haltung allem Unbekannten und Unvorhergesehenen gegenüber.

Ich spürte auf einmal ein starkes Bedürfnis, alles auf meine eigene, individuelle Art zu tun. Mir war wichtig, die Arbeit nach meinem eigenen Rhythmus durchführen zu können. Wenn ich Punkt 16 Uhr den Bleistift fallen lassen sollte, hätte ich gerne weitergearbeitet, weil ich gerade jetzt so konzentriert war. Immer öfters bin ich samstags ins Büro gegangen, weil ich da nach meinem Rhythmus arbeiten konnte. Ich konnte Einschränkungen nur noch schwer ertragen. Ich wurde schnell ungeduldig und gereizt. Ich hatte ein übergroßes Bedürfnis nach Abwechslung. Ich brauchte das Gefühl von Lebendigkeit, während ich bei routinemäßigen Verrichtungen immer mehr die Geduld verlor.

Und eins ist mir dann sehr schmerzlich klar geworden: Ich konnte mich nicht mehr unterordnen! Ich denke, so geht es vielen Menschen. Besonders schwer muss es für die Menschen sein, die auch noch an dem menschlichen Wert oder an der fachlichen Überlegenheit ihres Vorgesetzten zweifeln.
Ich wollte und musste mich neu orientieren, um eine Beschäftigung zu wählen, die mehr meinen Neigungen entsprach. Ich hatte mich seit Beginn meiner langen Berufstätigkeit mit Daten und Gegenständen befasst. Jetzt wollte ich intensiver meinem Interesse an psychologischen Zusammenhängen und der Wirkungsweise der Psyche auf den Körper nachgehen.

In *»Dichtung und Wahrheit«* schreibt Goethe: *»Unsere Wünsche sind Vorgefühle der Fähigkeiten, die in uns liegen, die Vorboten desjenigen, was wir zu leisten imstande sein werden. Wir fühlen eine Sehnsucht nach dem, was wir schon im Stillen besitzen.«*

Ich habe mir irgendwann eingestehen müssen, dass mich die Routine krank machen würde, wenn ich noch länger dieser – für mich nicht mehr fordernden – Arbeit nachginge. Es war Zeit für den Ausstieg und den habe ich langsam vorbereitet. Ich habe viel Zeit damit verbracht, mich neben meinem Beruf weiterzubilden und viele Urlaube gerne geopfert, um mir neue berufliche Akzente zu setzen. Ich habe mir mit einer gewissen

Selbstdisziplin das nötige Wissen angeeignet, um auf mein persönliches Fernziel zuzusteuern: eine unabhängige und selbstständige Tätigkeit.

Leider werden Menschen, die sich mit der eigenen Entwicklung befassen, häufig als Sonderlinge abgetan. Sie werden belächelt und ihr Verhalten wird auf die berühmt-berüchtigte Midlife-Crisis geschoben. Man wird als seelisch krank abgetan, denn »normale Menschen, die mit beiden Beinen im Leben stehen, tun so etwas nicht.«

Der bereits schon vorher zitierte Victor Frankl stellte fest, dass der Mensch seinem Wesen nach wert- und sinnorientiert ist. *»Wird der Wille zum Sinn nachhaltig frustriert, so gerät der Mensch in eine Missbefindlichkeit, die eine Fülle von Fehlverhaltensweisen und neurotischen Störungen auslösen kann.«* Dazu gehören Depressionen, Lebensmüdigkeit, Süchte, Apathie, Langeweile bis hin zu ernsthaften Erkrankungen. Eine weitere wichtige Aussage von ihm lautet: *»Die Frage nach dem Sinn im Leben zu stellen ist nicht Ausdruck seelischer Krankheit, sondern ist vielmehr Ausdruck geistiger Mündigkeit.«*

Wer sich dieser Denkweise verschließt, zieht gegen sich selbst in den Krieg. Denn Krieg gegen sich selbst zu führen, bedeutet fast immer ernsthaft krank zu werden. Viele Studien belegen diese Tatsache und auch der bereits erwähnte Krebsspezialist LeShan meint dazu: *»In vielen Krebsstudien erwiesen sich die Lebensumstände, unter denen eine Krebserkrankung sich entwickelte, als wichtiger herausragender Faktor. Bei der Mehrheit (nicht bei allen!) war den ersten Anzeichen der Erkrankung der Verlust der Hoffnung vorausgegangen, es könnte ihnen jemals gelingen, ein Leben zu führen, das sie wirklich befriedigte. Bei* *dem sie jeden neuen Tag freudig begrüßten und mit Hoffnung in die Zukunft schauten.«*

Es war für mich nicht einfach, mit 46 Jahren die vielen mahnenden Ratschläge aus dem Freundes- und Familienkreis zu ignorieren und einen sicheren Arbeitsplatz zu verlassen. Hätte ich mich nicht entschlossen, meiner inneren Stimme zu folgen, wäre es mir nie gelungen, ein erfolgreiches Buch zu schreiben. Ganz zu schweigen davon, es auch noch in den Medien, in Rundfunk und Fernsehen vorzustellen. Damals hätte ich nie geglaubt, überhaupt ein Buch schreiben zu können!

Der nachfolgende Fall zeigt, wie »lebensrettend« es sein kann, Sinn gebend zu leben.

Ein neuer Blickwinkel

Im Leben ist keine Zeit, an sich zu zweifeln,
dafür ist es zu kurz. Egal wie alt man ist
oder was man im Leben schon alles gemacht hat –
man kann immer noch alles lernen.

»Das Wissen um den richtigen Zeitpunkt
ist der halbe Erfolg.«

Couve de Murville (1907)

Ein Anti-Leben

Albert Schweitzer sagte einmal: *»Die Tragödie des Lebens besteht in dem, was im Menschen stirbt, während er lebt.«*

Dieser lebendige Teil in uns kann schon sehr früh in unserem Leben zugrunde gehen. Man muss nicht erst in der zweiten Hälfte des Lebens stehen! An unserer Bestimmung vorbei zu leben ist mitverantwortlich dafür, dass wir schneller und mit häufigeren Krankheiten altern als diejenigen, die ein erfülltes, glückliches Leben führen. Viele Ärzte halten das Altern an sich für eine Krankheit (meist Anti-Aging-Ärzte!). Ich nicht! Ich glaube nicht, dass Altern und Krankheit zwangsläufig zusammen gehören. Ich glaube, dass diese unerfreuliche Kombination durch uns selbst verursacht wird. Zum einen ist es unsere ungesunde Lebensweise mit zu viel Nahrung und zu wenig Bewegung und zum anderen ist es Selbstverleugnung – wenn Menschen ihr wahres Wesen verleugnen und damit Krankheit, Verfall und raschem Tod »Tür und Tor« geöffnet werden.

Die meisten Menschen werden bereits in der Kindheitsphase in ihrem spontanen Ausdruck durch Eltern und Autoritätspersonen eingeschränkt und behindert. Meist blieb ihnen gar nichts anderes übrig, als sich anzupassen. Dieses Erleben in der Kindheit kann auch für viele zur wichtigen Triebfeder geworden sein, sich und anderen zu beweisen, dass man sich im Leben durchsetzen kann. Es mag eine wichtige Motivation sein, diese früheren Einschränkungen durch Verwirklichung und Erfolg im Beruf wieder wettzumachen.

Wird man nun durch bestimmte Lebenssituationen daran gehindert, sich beruflich selbst zu verwirklichen, ist das meist der Stoff, aus dem Frustration, Kummer und Leid entstehen. Nehmen wir wieder als Beispiel die Rolle der Frau. Einer jungen Frau. Oft schwankt sie zwischen den gesellschaftlichen Erwartungen, Ehefrau und Mutter zu werden und dem Wunsch, ihre Individualität nicht aufgeben zu müssen. Dr. med. Philip M. Bailey, Arzt, Psychotherapeut und klassischer Homöopath, liefert mit der Beschreibung des homöopathischen Konstitutionsmittels »Sepia«, welches den Charakterzug der unabhängigen Frau beschreibt, ein geniales Beispiel.

Wenn jetzt nachfolgend von Sepia gesprochen wird, ist damit sowohl der Typ Mensch als auch das Mittel gemeint, das zu diesem Typ passt. Sepia unterscheidet sich durch ihre natürliche Unabhängigkeit von anderen Frauentypen. Ein weiteres Merkmal ist, dass sie versucht, sie selbst zu sein, ungeachtet dessen, was andere und insbesondere Männer von ihr erwarten. Sie ist von Natur aus unabhängig und lässt sich in ihrer Persönlichkeit ungern manipulieren.

Bailey beschreibt fünf Untertypen, die die verschiedenen Eigenschaften der Sepia-Frau repräsentieren. *»Drei von ihnen sind, historisch gesehen, traditionelle Rollen unabhängiger Frauen. Die anderen beiden, die Abgestumpfte und die Xanthippe, zeigen, was mit Sepia passiert, wenn sie ihre Identität anderen unterordnet, besonders ihrer Familie.«*

Bailey bezeichnet die drei »normalen« Charaktere von Sepia als Menschen, die sich *gerne »in verborgene Mysterien, seien sie nun psychologischer oder mehr philosophischer Art vertiefen.«* Sie interessieren sich nicht für trockenes, intellektuelles Wissen, sondern konzentrieren sich auf das Wissen, das direkt mit dem Leben zu tun hat. Sepia ist von Natur aus ein Freigeist und tut sich sehr schwer in der Rolle der angepassten Hausfrau, weil sie ein gewisses Maß an Freiheit und Unabhängigkeit braucht, um glücklich zu sein. Die hohe Anzahl an »Abgestumpften und Xanthippen« führt der Autor darauf zurück, dass so viele Sepia-Frauen entweder bitter oder deprimiert werden, wenn sie ihre Individualität im Dienst der Familie opfern.

Natürlich darf man nicht pauschalieren und alle über einen Kamm scheren, indem man behauptet, dass diese Frauen Haushalt, Kinder und ihre künstlerischen Fähigkeiten und Neigungen nicht unter einen Hut bekommen könnten. Doch weist Bailey in seinem Buch darauf hin, dass es leider nur eine Minderheit gibt, die das schafft, die sich *»auch im Rahmen eines konventionellen Familienlebens den Raum für Meditation, Tanz und Schreiben schaffen kann ... Viele andere verlieren allmählich ihr Selbstbild bei dem Versuch, es Ehemann und Kindern recht zu machen.«*

Gelingt es der Sepia-Frau nicht, ihre Individualität zu leben, wird sie ohne Begeisterung und ohne innere Motivation ihre gewohnten Aktivitäten wie ein Roboter verrichten. Sie wird allem gegenüber gleichgültig, ihre Gefühle stumpfen ab. Sie fühlt sich geistig und körperlich träge. Die Sepia-Frau empfindet einen immer stärkeren Verlust an Energie und es wird für sie immer schwieriger, den Alltag zu meistern. Morgens schon denkt sie mit Schrecken an den Tag, der vor ihr liegt, nicht wissend, woher sie die Energie und die Motivation für die Routine des Alltags nehmen soll. Sie ist ihren Kindern gegenüber ungeduldig und brüllt sie an. Sie versucht ihrem Mann gegenüber ein freundliches Gesicht zu machen, hat dazu aber nicht lange genug Kraft, weil es sie ihre ganze Energie kostet. *»Ihr Denken wird immer schwerfälliger, sie kann sich kaum noch konzentrieren. Sie lässt das Essen anbrennen, gibt Bleichmittel statt des Weichspülers in die Wäsche und vergisst Verabredungen.«* Sie gerät immer mehr in Panik, weil sie spürt, wie es mit ihr abwärts geht und dass sie mit der Situation nicht mehr fertig wird. Schließlich wird sie immer ängstlicher, weil sie nicht mehr fähig ist, ihr Leben zu bewältigen.

Diese Angst steigert sich immer mehr und sie beginnt sich vorzustellen, was alles Schreckliches passieren kann. Sie hat Angst davor, eine tödliche Krankheit zu bekommen oder fürchtet sich davor, dass ihr Mann sie verlassen könnte. Sie beginnt sich vor Menschen zu fürchten und ist nicht mehr fähig, die sozialen Erwartungen zu erfüllen. Sie schließt sich immer mehr ein, während gleichzeitig ihre Panik wächst, alleine zu sein. Sie gleitet immer tiefer in die Depression. In der Regel hat sie schon zu Antidepressiva und Beruhigungsmitteln gegriffen. *»Diese helfen ihr zwar, den Alltag zu bewältigen, aber was sie eigentlich braucht, ist eine Möglichkeit, die Uhr zurückzudrehen und sich selbst wiederzufinden, um ihr Leben dann so zu organisieren, dass sie Zeit für sich findet«* – so das Fazit von Bailey.

Das alles erinnert mich sehr an das Verhalten meiner Patientin, von der ich vorher berichtet hatte, und die wegen ihrer sozialen Phobie von ihrer Tochter zu mir gebracht wurde. Auch sie wurde gleichgültig gegenüber ihren Kindern und ihren Enkelkindern. Sie verlor jegliche Freude an Geselligkeiten und hatte auch nicht die Kraft, ihre Musikgruppe wieder ins Leben zu rufen. Sie entwickelte eine starke soziale Phobie und hatte doch auf der anderen Seite wiederum sehr viel Angst vor dem Alleinsein.

Um bitter und apathisch zu werden, braucht es allerdings Jahre. Viele laufen fremdbestimmt durchs Leben, vorangetrieben von den Erwartungen anderer. Wird man aber weiterhin in seinen Entfaltungsmöglichkeiten eingeschränkt und opfert seine Ich-Energie, wie ich das einmal nennen möchte, und seine Unabhängigkeit der männlichen Vorherrschaft (Männer versuchen meist dummerweise, die Frauen zu beherrschen), ist das Ergebnis die Bitterkeit der Xanthippe und die Apathie der Abgestumpften. Dann verliert der Mensch seinen Mut, sein Selbstwertgefühl und sein Lebenshunger stirbt.

Wäre »Sepia« jetzt in der zweiten Hälfte des Lebens, würde man ihren Zustand als altersentsprechend bezeichnen. Vielleicht würde man ihren Zustand den sinkenden Hormonen zuschreiben, als typische Wechseljahrsbeschwerden abtun. Oder sie bemitleiden, weil sie sich »mit Händen und Füßen« gegen das Altern wehrt, weil sie nicht einsehen mag, dass die Jugend vorüber ist.

Wie viele Menschen verfallen frühzeitig! Bauen rasch ab, wie man zu sagen pflegt. Wann immer man auf Anzeichen von Antriebsschwäche, Angstzuständen oder Senilität stößt, sollte man den Tagesablauf eines solchen Menschen untersuchen. Dort liegen in vielen Fällen die Probleme. Und nicht am Alterungsprozess selbst!

Stellen Sie sich mal vor, Sie erleben so – wie gerade beschrieben – einen Elternteil von Ihnen! Oder Ihr Kind erlebt *Sie* so! Was würden Sie denken? Was würde Ihr Kind wohl denken? »O Gott, jetzt ist es so weit. Ich muss schleunigst ein Altersheim für meine Mutter/meinen Vater suchen, ich kann sie/ihn auf keinen Fall mehr länger alleine lassen.« Das, was Sie für einen »natürlichen« Alterungsprozess halten – der vielleicht ein bisschen früh eingesetzt hat –, ist nichts anderes als verlorener Lebenshunger!

Gott sei Dank gibt es eine Lösung – auch für Sepia-Frauen. Wenn sie den Weg der Selbstentdeckung finden und ihn bis ans Ende gehen, dann finden sie als Belohnung den Frieden und die Befriedigung einer liebevollen Beziehung, in der die Partner sich nicht gegenseitig binden und schwächen. Auch kann die Sepia-Frau eine liebevolle Mutter sein, ohne ihre Identität aufgeben zu müssen.

Streben wir nicht alle nach Erfolg, Respekt, Anerkennung und sozialem Status? Auch in der Rolle als Ehefrau, Mutter und in der Rolle des alternden Menschens sind Eigenbestimmung ein wichtiger Faktor. Wenn wir unsere innere Stimme missachten, dann leben wir ein Anti-Leben. Ein Leben, welches sich gegen das Leben richtet!

Irgendwann müssen wir uns entscheiden. Ob wir leben oder sterben wollen. Unsere eigene Entscheidung macht uns zu Sklaven oder freien Menschen.

Ein neuer Blickwinkel

Stillstand ist der erste Schritt zum Untergang.

Den Blickwinkel wechseln und damit die Prioritäten!

Sich selbstbewusst über aufoktroyierte Frauenbilder hinwegsetzen und »Mutter, Hausfrau, Ehefrau und Beruf(ung)« gleichberechtigt ins Leben integrieren – ohne schlechtes Gewissen!

»Jahre runzeln die Haut, den Enthusiasmus aufzugeben, runzelt die Seele.«

Albert Schweitzer (1857–1965)

Literaturtipp:
Philip M. Bailey: *Psychologische Homöopathie*

Nimm Abschied und genese!

Genug der Rückschau! Nachdem wir uns die verschiedenen Gesichter der Depression und Krankheit genau angesehen haben, ist es Zeit, sich von ihnen abzuwenden und nach vorne zu schauen.

Das erste Kapitel sollte Sie ein bisschen aufrütteln! Sie sollten sich nicht kampflos den alten Konventionen beugen. Sie haben gesehen – und spüren es vielleicht auch irgendwo tief in Ihrer Seele –, dass der Rückzug auf »Bewährtes« wie ein gemütliches Schaukelstuhlleben oder ein Sieben-Tage-Sonntag-Dasein die Probleme, die das Nichtstun mit sich bringt, keinesfalls beheben.

Ihr Zufluchtsort sollte nicht der Schaukelstuhl oder Ihre vier Wände sein. Nein, Ihr Zufluchtsort soll Ihr Innerstes, genauer gesagt, die Ausgrabung Ihrer verborgenen Talente und Begabungen sein. Ab jetzt zählt für Sie ein neuer Verhaltenskodex, der sich aus der Aussage ergibt: ICH BIN IMMER NOCH WICHTIG. Das wichtigste Element ist Selbstliebe bzw. Selbstwertgefühl. Die Anerkennung seiner selbst und das Gefühl für sich selbst. Nein, damit meine ich auf keinen Fall Selbstmitleid, weil Sie niemand mehr haben will, sondern die simple Erkenntnis, wie es um einen steht, die Fähigkeit, in sich hineinzufühlen, um sich selbst Aufmerksamkeit zu geben, sich selbst wahrzunehmen, sich gut zu finden und sich zu lieben! Niemand darf wichtiger für Sie sein als Sie selbst! Nein, mit Egoismus hat das

nichts zu tun. Vergessen Sie das ganz schnell, wenn sich dieser Gedanke bei Ihnen gerade eingeschlichen hat. Behandeln Sie sich selbst, wie Sie einen guten Freund behandeln würden, an dem Ihnen viel liegt. Nehmen Sie sich ganz viel Zeit für sich und vermeiden Sie künftig alle stressigen Situationen – selbst wenn es dabei um Ihren zukünftigen Job oder um Ihre Beziehung geht. Sie sind für sich selbst vorrangig! Beraten Sie sich selbst, wie Sie ein Ihnen vertrauter Mensch beraten würde, der vor allem keine Ausreden akzeptiert. Achten Sie auf alles, was Ihnen gut tut – und geben Sie Ihrer Zukunft wieder eine Chance.
Ich denke, dass gerade Sie, die Sie zu diesem Buch bewusst Ja gesagt haben, Eigeninitiative, Individualität und Originalität zeigen können.

Niemand hat mehr Macht über Sie als Sie selbst! Ich erhoffe, ja ich erwarte geradezu von Ihnen, dass Sie die Rolle des Machtlosen ablegen. Ich erwarte von Ihnen, dass Sie einen neuen Selbstwert entwickeln. Dass Sie Ihre eigene Vision entwickeln, wie Ihr Leben auszusehen hat. Dass Sie für sich selbst definieren, was Sie sein wollen und was Sie tun wollen. Das wird die Basis sein für lebenserhaltende Beschlüsse. Wenn wir wissen, was unsere Aufgabe im Leben ist, dann treffen wir die richtigen Entscheidungen und sind dem Wechselspiel des Lebens und den Umständen, die auf unser Leben einwirken und unseren Emotionen nicht wehrlos ausgeliefert.
Unser waches Bewusstsein wird uns davor behüten, in Lethargie zu verfallen und darauf zu hoffen, dass das, was die kommenden Jahre bringen wird und was uns widerfährt, doch in Gottes Namen gut sein möge.

Viele von uns haben ihr Selbstwertgefühl durch berufsbedingte Statussymbole wie großes Büro, teuren Dienstwagen, hohes

Gehalt steigern können. Solange wir uns aber unsere Bestätigung in der Außenwelt suchen, sind wir immer abhängig von anderen und werden uns nie sicher fühlen. Ein wackeliges Fundament! Wir sollten unser Selbstwertgefühl durch eigene Anstrengung stärken. Das kann durchaus auch im »zweiten Beruf« erfolgen, durch eigene Forschungen, durch den Aufbau eines neuen Vertriebszweiges, durch Vervollkommnung eines verborgenen Talentes.

Wir müssten uns schon in jungen Jahren darauf einstellen, dass der Beruf, den wir – oder unsere Eltern, Lehrer oder andere Autoritäten – uns ausgesucht haben, meist nur vorübergehende Wichtigkeit hat und dass die zweite Lebenshälfte dazu da ist, unsere innere Reifung in aller Ruhe zu vollenden, um das zu werden, was unseren Anlagen entspricht. Das Gefühl von Ausgliederung aus der Gesellschaft wird es dann nicht geben. In der zweiten Lebenshälfte ist die Zeit geradezu ideal dafür, sich auf Ihre Hobbys zu besinnen und dann einen Plan zu entwerfen, wie Sie im Laufe der Zeit ein Hobby zu einer neuen Aufgabe und zu Ihrem neuen Beruf machen können.

Hängen wir jedoch an alten Konventionen und halten an alten Gewohnheiten fest, ist Enttäuschung und Frustration vorprogrammiert.

Aber von Ihnen erwarte ich, dass Sie bewusst Abschied nehmen, Eigeninitiative ergreifen und sich auf den Weg der Genesung machen!

Ein neuer Blickwinkel

Zeigen Sie sich resistent gegenüber alten Konventionen.

Offen den Blick in die Zukunft richten –
und die Ziele fest im Griff haben.

»Das Aussortieren des Unwesentlichen
ist der Kern aller Lebensweisheit.«

*Dieter Hildebrandt (*1927)*

Mut zum Ungehorsam

Ich kann mich noch gut an die Fernsehsendung »Wortwechsel« erinnern, bei der Dr. Ulrich Strunz, Deutschlands Fitnesspapst, wie er genannt wird, interviewt wurde. Er hält u.a. Laufen für das entscheidende Lebenselixier und meint, dass man folgende Erfahrung machen wird, wenn man seine Methode befolgt: *»Das Leben ist keine Mühsal, das Leben ist Freude, das Leben ist Leichtigkeit, auch mit 60, 70, 80 oder 120.«* Der Moderator erweckte den Eindruck – zumindest auf mich –, dass er die Gedanken und Vorstellungen von Strunz geradezu als frevelhaft empfand.

Für den Moderator anscheinend eine Horrorvorstellung, dass es vitale Alte geben soll, die auch noch mit 120 Jahren leben wollen, die nicht aufhören wollen, weiterhin Ansprüche zu stellen und die darüber hinaus auch noch ernährt werden müssen. Wenn der Anteil der so genannten alten »Fitten« in der Alterspyramide sowieso immer größer wird und der Anteil der Jungen immer kleiner wird, ja in Gottes Namen, wer soll das finanzieren? Diese Frage spiegelt unser soziales Denken und die wenig wertschätzende Meinung unserer Gesellschaft gegenüber dem älteren Menschen wider. Bei unserem heutigen Rentensystem ist die Versorgung der immer Älteren tatsächlich ein Problem und die Jungen murren und denken: *»Alte, wollt ihr ewig leben«*; so jedenfalls der Autor und Journalist Samuel Schirmbeck, der die Stimmung der Jungen in Deutschland mit dieser Aussage zu einem Fernsehbericht zusammengefasst hat.

Und jetzt sollen die Menschen auch noch ein Alter von bis zu 120 Jahre erreichen! Unglaublich!

Wenn wir die heute weit verbreiteten Vorstellungen nicht ablegen, lässt sich das Ganze wirklich bald nicht mehr finanzieren. Wir Menschen passen uns diesem Denkschema an: Ein Mensch ab Pensionsalter ist wertlos, bringt nichts mehr, liegt einem nur noch auf der Tasche! Dass wir für niemanden mehr wichtig sind, außer als Zielgruppe für die Branchen, die sich mit altersgerechten Gebrauchsgegenständen beschäftigen, beschreibt Monika Maron in ihrem Buch: »Endmoränen« ganz wunderbar. Dass wir nur noch als *»katastrophaler Kostenfaktor für die Krankenkassen wichtig sind und sonst von skandalöser Unwichtigkeit, sodass unsere Enkelkinder eines Tages auf die Idee kommen müssen, ob sie uns überhaupt leben lassen können, unnütze, faule Menschen, die unnützen, faulen Vergnügen nachgehen, zwanzig oder dreißig Jahre lang, und das obendrein ihren wohlverdienten Lebensabend nennen, vom ganzen Leben ein Drittel.«*

Ein paar Jahre Rente o.k., aber dann bitte: Ab in die Kiste! Aber was ist mit den fitten 50-Jährigen, die heute immer öfters von großen Firmen zwangspensioniert werden, damit die Stellen für die Jungen frei werden? Sollen die mit 60 gleich hinterher springen?
Die besten Staatsbürger sind offensichtlich die, die geben und nicht nehmen. Wie zum Beispiel die Raucher. Durch ihre »Leidenschaft« unterstützen sie erst mal die Staatskasse, indem sie ordentlich Tabaksteuer zahlen, belasten andererseits aber auch nicht so lange die Rentenkasse, weil ihr Laster sie früher oder später ins Grab bringt. Ist doch schön! Oder? Aber (makabrer) Spaß beiseite! Warum sollte also ein Mensch, ein Best Ager –

und hier sind nicht nur die 65-Jährigen angesprochen –, der geistig und körperlich fit ist, der sich ein enormes Wissen, Erfahrung und Kompetenz angeeignet hat, nicht nach wie vor die Volkswirtschaft stärken können?

Ein funktionsfähiges Modell hierfür zeigte kürzlich ein Fernsehbericht. Der in Neuengland lebende Unternehmer Frederick Hartmann produziert seit 70 Jahren Nadeln für jeglichen Bedarf. *»Diese Firma ist schon etwas Besonderes. Die meisten unserer Mitarbeiter haben eine lebenslange Anstellung und arbeiten, so lange sie die Treppen hochkommen – sogar noch länger. Sie sind alle hochmotivierte Mitarbeiter.«*

Für einige von ihnen ist die Arbeit geradezu lebenswichtig. *»Für mich ist das wie eine Therapie!«*, sagt die 77-jährige Lena. *»Zu Hause würde ich mich fragen, ob ich endlos mein Haus putzen soll und überhaupt – was ich mit diesem Tag anfangen soll: Jetzt stehe ich auf, ziehe mich an und gehe zur Arbeit.«*

John ist 72 und sagt, es mache ihm Spaß zu arbeiten, obwohl er nicht unbedingt das Geld brauche; aber um nicht verrückt zu werden, hoffe er noch lange hier arbeiten zu können.

Rosa, 91-jährig meint, sie komme kaum noch die Treppe hoch, aber die anderen haben versprochen, sie auch notfalls die Treppen hochzutragen. *»Ich will noch lange arbeiten!«*, so Rosa.

»Die Firma ist ein bisschen Familienersatz und Kommunikationszentrum für alle. Für viele Unternehmer sind ältere Mitarbeiter preiswerte Mitarbeiter. Die Löhne liegen nur wenig über dem staatlich festgesetzten Minimum. Es gibt lediglich eine Woche bezahlten Urlaub im Jahr, dafür sind die Arbeitszeiten

sehr flexibel«, so der Firmenunternehmer. Der einzige Nachteil für Frederick Hartmann ist die größere Vergesslichkeit seiner Mitarbeiter und die große Skepsis gegenüber Neuanschaffungen. Seine 80-jährige Sekretärin empfand die Anschaffung eines Computers zuerst als Zumutung. Als sie ihrem Chef vorschlug, sich eine jüngere Mitarbeiterin zu suchen, meinte er nur, sie schaffe das schon. Und sie hat es geschafft!

Sie alle gehören zu einer neuen Generation von Menschen, die die Zeit von 60 bis 90 nicht mit dem Warten auf den Tod verbringen, sondern diese als Aufbruch zur aktiven zweiten Lebenshälfte erleben.
Auch in Deutschland zeigt sich ein kleiner heller Streifen am Horizont des Unternehmerhimmels. Ein Supermarkt in der Nähe von Berlin geht mit gutem Beispiel voran. Hier wird niemand eingestellt, der unter 45 Jahre ist. Viele waren arbeitslos und so um die 50, brachte die Recherche von Samuel Schirmbeck ans Licht, der die vorher erwähnte Sendung produzierte.
Sogar ein Blick in den aktuellen Stellenmarkt einer großen deutschen Zeitung lässt hoffen. *»Ausgemusterte Manager starten neue Karrieren«* so lautet der Artikel. Beispiel Salamander. Ein 48-jähriger Manager wurde an die kränkelnde Spitze des Unternehmens gesetzt, doch nach erfolglosen neun Monaten von einem 65-jährigen, ehemaligen Rechtsanwalt abgesetzt. Der drahtige 65-Jährige meinte: *»Dieser Job ist mir eigentlich auf den Leib geschnitten.«* Es folgen noch Beispiele von weiteren großen Unternehmen wie Hewlett-Packard, die auf Erfahrung setzen und diejenigen wieder holen, die ehemals als zukunftsuntauglich galten.

Ist das nicht ein Modell für ein solidarisches Zusammenleben aller Generationen? Für Jung und Alt! Das bestehende Modell wird immer mehr versagen, da der Anteil der älteren Menschen hier in unserem Lande immer höher steigen wird.

Wir brauchen Mut zum Andersdenken. Den Umbruch bewusst mitgestalten, indem man Mut zum Ungehorsam aufbringt. Das heißt nicht, gewaltsame Aktionen zu beschließen. Ungehorsam sein heißt, die von der Gesellschaft aufgezwungene Rolle des aufs Altenteil abgeschobenen Menschen nicht für sich anzunehmen und gegen ein Denksystem zu sein, das soziale Unterschiede schafft. Es bedeutet, zivilisiert gegen dieses System vorzugehen. Ungehorsam sein bedeutet, neue Wege und Möglichkeiten zu finden, aktiver Mitgestalter der eigenen Zukunft zu sein. Mut zum Ungehorsam beinhaltet auch, seinen Süchten zu trotzen und nicht wegen ihnen mit 60 oder 70 in die Kiste zu springen und schon gar nicht die Staatslöcher damit zu stopfen.

Seien Sie ungehorsam!

Ein neuer Blickwinkel

Hierarchische Strukturen müssen aufgeweicht werden.
Davon profitiert jeder!

Seien Sie Vorbild für die stille Revolution!

»Wer im Leben kein Ziel hat, verläuft sich.«

Abraham Lincoln (1809–1865)

Der Quantensprung

Um umdenken zu können, muss sich erst ein so genannter Quantensprung in unserem Kopf vollziehen. Wenn Sie das Wort Quantensprung lesen, denken Sie wohl zunächst eher an einen Begriff aus der Physik oder an die großen Physiker Niels Bohr oder Werner Heisenberg. Vielleicht ist Ihnen auch folgende Definition bekannt: Ein Quantensprung ist ein großer, in relativ kurzer Zeit stattfindender Fortschritt, den man auch als »Durchbruch«, »Meilenstein« oder »technisch-wissenschaftliche Revolution« bezeichnen kann. Damit kommen wir der Sache schon näher.

Doch die Definition, wie ich sie meine und im Sinne dieses Buches verstanden haben möchte, liefert Peter Orban. Er war Lehrbeauftragter an der Universität Frankfurt und hat in seinen Seminaren Fantasiereisen mit zahlreichen Studenten erprobt. Als Autor hat er zahlreiche Bücher verfasst, die alle den eigenen, persönlichen Entwicklungsweg oder die Arbeit an der Seele zum Thema haben. Das gilt auch für das Buch *»Symbolon«*, in dem er sein Verständnis des Begriffs »Quantensprung« beschreibt. Er ist als eine Art Reise zu sich selbst zu verstehen.

Der Quantensprung nach Orban wird durch eine Karte symbolisiert, auf der ein Narr dargestellt ist. Ein Narr, der über einen Abgrund springt und nicht weiß, ob und wo er überhaupt auf der anderen Seite landet. Deshalb der Narr!

Diese Karte soll an einen Befreiungsversuch erinnern. Dabei geht es nicht so sehr um eine Befreiung aus materiellen Zwängen als eher um eine geistige Befreiungstat, d. h., es geht um einen Sprung aus dem bisherigen Sinn des Lebens, *»den man gefunden zu haben glaubte«*. Peter Orban zitiert den Philosophen Hegel, der sinngemäß sagte: »Wenn die Philosophie ihr Grau in Grau malt, dann ist eine Gestalt des Lebens alt geworden!«. Das heißt also, wenn der bisherige Sinn des Lebens grau geworden ist, ist es Zeit für einen radikalen Wechsel – für einen Sprung. Meist ist dieser im Alter von Ende 40 angezeigt. Ja, man ahnt schon lange, dass man eigentlich springen müsste. Heraus aus seiner Beziehung, heraus aus seinem Beruf, heraus aus seiner bisherigen Karriere, heraus aus seinem alten Lebenssinn. Dazu noch einmal Monika Maron: *»Alle wichtigen Kontrakte unseres Lebens haben wir vor langer Zeit geschlossen, auch die falschen, in deren Schlingen wir gefangen bleiben bis zum Ende, wenigstens aber bis zur Rente. Der Beruf, die Anzahl der Kinder, der Wohnort, alles ist endgültig. Die einzige Entscheidung, die uns noch freisteht, ist die Ehescheidung als letzte mögliche Veränderung. Ich vermute, dass nur darum, weil nichts anderes mehr geht, so viele Menschen über fünfzig einander verlassen.«*

Einigen von uns ist auch mehr gelungen, als »nur« der Sprung aus der Ehe oder Partnerschaft. Man hat noch einmal umgesattelt, ist zum Beispiel vom naturwissenschaftlichen Zweig in den naturheilkundlichen gewechselt. Oder von der Sekretärin zur Therapeutin und Autorin. Der eine oder andere hat sich beruflich aus dem Joch des Untergeordnetseins befreit und hat sich selbstständig gemacht. Ebenso wie Monika Maron meint Peter Orban – eher scherzhaft –: ... *»wieder andere schließlich nahmen sich einfach eine jüngere Freundin oder einen anderen*

Freund.« Ein Quantensprung ist niemals ein Quantensprung, wenn lediglich die alte Arbeitsstelle gegen eine andere getauscht wird oder wenn der Ehepartner gegen eine jüngere Freundin oder jüngeren Freund ausgewechselt wird. Das kostet zwar ebenfalls Mut und fordert eine Menge an Überwindung von Skrupeln, aber mit dem Begriff Quantensprung ist mehr und anderes gemeint. Dazu meint Orban: *»Ein Quantensprung liegt immer dann vor, wenn der Narr losspringt, ohne zu wissen, ob sich auf der anderen Seite überhaupt ein Landeplatz befindet. Die Erinnerung und die Anweisung der Karte lautet also schlicht: ›Jump! Löse dich! Insbesondere löse dich von allem, was du einmal als sichere Überzeugung für dein Leben gewonnen hast.‹«*

Der Sinn des Quantensprungs besteht darin, zum rechten Augenblick den Absprung zu wagen. Das Alte hinter sich zu lassen und einen neuen Sinn zu finden. Einen Sinn, der sich gravierend vom alten Sinn unterscheidet. Neue Bereiche zu entdecken, neue Freunde zu finden. Das, was früher der Sinn des Lebens war, hat seine Gültigkeit verloren. Man hat Kinder gezeugt, ein Haus gebaut und einen Baum gepflanzt – um es poetisch auszudrücken. In der Regel sind die Kinder eigene Wege gegangen, das Haus ist zu groß geworden, ebenso wie der Baum im Garten.

Die Angst vor diesem Sprung ist meist darin begründet, dass man befürchtet, in der *»Gosse zu landen«*, so Orban. Doch meist ist das Schicksal gnädig mit denen, die den Mut zum Sprung haben und lähmt meist die, die niemals springen, so der Autor. Der Quantensprung ist immer ein Sprung in eine ganz andere Richtung, in eine neue Denkensart. Hier handelt es sich nicht um ein Umsteigen, sondern zunächst um ein Aussteigen. Wenn Sie bewusst sind und aufmerksam waren, ist Ihnen aufgefallen, dass wir immer noch beim ersten Teil des Buches sind. Beim Aussteigen! Wir können erst wieder einsteigen, wenn aus unseren alten Gewohnheiten, neue Ansichten, neue Gedankenmuster in uns entstanden sind. Wenn wir ein bisschen ungehorsam geworden sind. Wenn wir es geschafft haben, unser Lebensgrau hinter uns zu lassen. Wenn wir unsere alten Glaubenssätze beibehalten, werden sie wie Wackersteine auf unserem Rücken lasten und uns bei dem Sprung über den Abgrund nach unten ziehen und uns an dem Weg in die Freiheit hindern. Dazu meint Peter Orban: *»In der Regel hängt der Mensch an irgendetwas fest, von dem er glaubt, sich niemals trennen zu können. Ohne eine Art Opfer und die dazugehörige Konsequenz kann dir der Sprung nie gelingen – du hättest zu viel Ballast und wärest damit zu schwer.«*

Welchen Ballast müssten Sie abwerfen? Was könnte Sie daran hindern, den Weg in die Freiheit zu wagen? Einen Hang zum Gehorsam und Schwarzmalerei? Schlechte Angewohnheiten wie chronische Aufschieberitis? (Morgen fange ich an!) Übertriebene Vorsicht?

Welches Opfer müssten Sie bringen? Diese Frage kann nur jeder für sich beantworten und ich denke, wer sie sich ehrlich stellt, weiß die Antwort. Vielleicht hilft Ihnen dazu eine Empfehlung des Dalai Lama: *»Bewerte deine Erfolge daran, was du aufgeben musstest, um sie zu erzielen.«*

Sind wir aber mutig und bereit zu Opfer und Sprung, dann wird der krönende Erfolg die Entdeckung eines neuen Lebenssinns sein und ein Weg in die Freiheit – Ihre ganz persönliche Freiheit.

Ein neuer Blickwinkel

Oft halten wir an unseren Vorstellungen und Lebensplänen fest, obwohl wir schon längst festgestellt haben, dass sie uns nicht (mehr) glücklich machen.

Vertrautes aufzugeben ist oft schwer – tun wir es, dann ist das so befreiend!

»Und plötzlich weißt du: Es ist Zeit, etwas Neues zu beginnen und dem Zauber des Anfangs zu vertrauen.«

Meister Eckhart (1260–1327)

Revolutionieren Sie Ihr Leben

Sie hat den Sprung gewagt! Sie hat Ballast abgeworfen und alles aufgegeben, was ihr ganzes bisheriges Leben ausmachte. Es ist die Geschichte einer Frau, die ihr Lebensgrau gegen alle familiären Widerstände hinter sich gelassen hat. Sie wird erzählt von ihrem berühmten Enkelsohn. Aber bitte, lesen Sie selbst. Um die Tragik und auch die Komik dieser Geschichte so gut wie möglich wiederzugeben, kommt der Schriftsteller oft selbst zu Wort und diese Zeilen sind in Kursiv wiedergegeben. Am Schluss erfahren Sie, um welche »revoluzzerische« Frau es sich handelt.

Meine Großmutter war zweiundsiebzig Jahre alt, als mein Großvater starb. Er hatte eine kleine Lithografenanstalt in einem badischen Städtchen und arbeitete darin mit zwei, drei Gehilfen bis zu seinem Tod. Meine Großmutter versorgte ohne Magd den Haushalt, betreute das alte, wacklige Haus und kochte für die Mannsleut und Kinder.

Sie war eine kleine, magere Frau mit lebhaften Eidechsenaugen, aber langsamer Sprechweise. Mit recht kärglichen Mitteln hatte sie fünf Kinder großgezogen von den sieben, die sie geboren hatte. Davon war sie mit den Jahren kleiner geworden.

Zwei ihrer Kinder – zwei Mädchen – gingen nach Amerika und zwei Söhne zogen ebenfalls weg. Nur der Jüngste, der eine schwache Gesundheit hatte, blieb bei ihr in der Nähe wohnen. Er wurde Buchdrucker und hatte bald selbst eine große Familie zu versorgen. Sie lebte also alleine im Haus, als ihr Mann gestorben war.

Ihre Kinder nahmen brieflich Kontakt zueinander auf und berieten, was nun mit ihrer Mutter zu geschehen hatte. Ihr Sohn, der in der Nähe wohnte, wollte mit seiner ganzen Familie zu ihr ziehen. Die Mutter stand diesen Plänen abweisend gegenüber, sie wollte lediglich von ihren Kindern, die dazu imstande waren, eine kleine finanzielle Unterstützung. Der Verkauf der Lithografenanstalt brachte fast nichts ein, weil sie längst veraltet war. Außerdem waren auch noch Schulden abzubezahlen. *Die Kinder schrieben ihr, sie könne doch nicht ganz allein leben, aber als sie darauf überhaupt nicht einging, gaben sie nach und schickten ihr monatlich ein bisschen Geld. Schließlich, dachten sie, war ja der Buchdrucker im Städtchen geblieben.*

Der Buchdrucker berichtete von Zeit zu Zeit seinen Geschwistern, was die Mutter so trieb. Er war von Anfang an enttäuscht, dass sich seine Mutter weigerte, ihn mit seiner Familie in das ziemlich große und nun leer stehende Haus aufzunehmen. Er wohnte mit seinen vier Kindern in drei Zimmern. Seine Mutter hielt überhaupt nur eine sehr lose Verbindung mit ihm aufrecht. Sie lud seine Kinder jeden Sonntagnachmittag zum Kaffee ein, das war eigentlich alles. Alle drei Monate besuchte sie ihren Sohn vielleicht ein oder zwei Mal und half der Schwiegertochter zum Beispiel beim Beereneinkochen. *Die junge Frau entnahm einigen ihrer Äußerungen, dass es ihr in der kleinen Wohnung des Buchdruckers zu eng war. Dieser konnte sich nicht enthalten, in seinem Bericht darüber ein Ausrufezeichen anzubringen.*

Auf eine schriftliche Anfrage meines Vaters, was die alte Frau denn jetzt so mache, antwortete er ziemlich kurz, sie besuche das Kino. Man muss verstehen, dass das nichts Gewöhnliches war, jedenfalls nicht in den Augen ihrer Kinder. Das Kino war vor dreißig Jahren noch nicht, was es heute ist. Es handelte sich um elende, schlecht gelüftete Lokale, oft in alten Kegelbahnen eingerichtet, mit schreienden Plakaten vor dem Eingang, auf denen Morde und Tragödien der Leidenschaft angezeigt waren. Eigentlich gingen nur Halbwüchsige hin oder, des Dunkels wegen, Liebespaare. Eine einzelne alte Frau musste dort sicher auffallen.

Aber da gab es noch etwas anderes zu bedenken! Der Preis für den Eintritt war gewiss gering, *da aber das Vergnügen ungefähr unter den Schleckereien rangierte, bedeutete es »hinausgeworfenes Geld«. Und Geld hinauswerfen war nicht respektabel.*

Missbilligend fiel dem Sohn auch auf, dass seine Mutter nicht nur ihn selten besuchte, sondern auch zu anderen alten Bekannten keine regelmäßigen Kontakte pflegte, sie lud weder ein noch besuchte sie andere. Sie mied überhaupt alle Kaffeegesellschaften des Städtchens. *Dafür besuchte sie häufig die Werkstatt eines Flickschusters in einem armen und sogar etwas verrufenen Gässchen, in der, besonders nachmittags, allerlei nicht besonders respektable Existenzen herumsaßen, stellungslose Kellnerinnen und Handwerksburschen. Der Flickschuster war ein Mann in mittleren Jahren, der in der ganzen Welt herumgekommen war, ohne es zu etwas gebracht zu haben. Es hieß auch, dass er trank. Er war jedenfalls kein Verkehr für meine Großmutter.* Der Buchdrucker teilte den Geschwistern mit, dass er seine Mutter darauf angesprochen habe, jedoch kühl zurückgewiesen wurde. Über Dinge, über die sie nicht reden wollte, konnte sie rasch hinweg gehen.

Etwa ein halbes Jahr nach dem Tod des Großvaters schrieb der Buchdrucker meinem Vater, dass die Mutter jetzt jeden zweiten Tag im Gasthof esse.

Was für eine Nachricht!

Großmutter, die zeit ihres Lebens für ein Dutzend Menschen gekocht und immer nur die Reste aufgegessen hatte, aß jetzt im Gasthof! Was war in sie gefahren?

Bald darauf führte meinen Vater eine Geschäftsreise in die Nähe, und er besuchte seine Mutter. Sie war gerade im Begriff auszugehen. Sie machte auf ihn einen ausgeglichenen Eindruck, ohne besonders aufgekratzt oder schweigsam zu sein. Sie erkundigte sich nach seiner Familie, nach den Kindern, ohne genauer darauf einzugehen. Der Sohn sah sich um, alles war peinlich sauber und sie selbst sah gesund aus.

Das Einzige, was ihm auffiel und auf ihr neues Leben hindeutete, war, dass sie nicht mit ihm zum Grab ihres Mannes gehen wollte. *»Du kannst allein hingehen«, sagte sie beiläufig, »es ist das dritte von links in der elften Reihe. Ich muss noch wohin.«*

Der Buchdrucker vermutete anschließend, dass sie wahrscheinlich zu ihrem Flickschuster wollte. *Er klagte sehr. »Ich sitze hier in diesen Löchern mit den Meinen und habe nur noch fünf Stunden Arbeit und schlecht bezahlte, dazu macht mir mein Asthma wieder zu schaffen, und das Haus in der Hauptstraße steht leer.«*

Mein Vater hatte sich im Gasthof ein Zimmer genommen, aber erwartet, dass er zum Wohnen doch von seiner Mutter eingeladen werden würde, wenigstens pro forma, aber sie sprach nicht davon. Früher hatte sie immer darauf bestanden, selbst wenn das Haus voll gewesen war, dass er bei ihr übernachtete und das Geld nicht unnötig für ein Hotel ausgab!

Aber sie schien mit ihrem Familienleben abgeschlossen zu haben und neue Wege zu gehen, jetzt, wo ihr Leben sich neigte. Mein Vater, der eine gute Portion Humor besaß, fand sie »ganz munter« und sagte meinem Onkel, er solle die alte Frau machen lassen, was sie wolle. Aber was wollte sie?

Der nächste Stein des Anstoßes bestand darin, dass *sie eine Bregg bestellt hatte und nach einem Ausflugsort gefahren war, an einem gewöhnlichen Donnerstag. Eine Bregg war ein großes, hochrädriges Pferdegefährt mit Plätzen für ganze Familien.* Früher hatte der Großvater, wenn seine Enkelkinder zu Besuch waren, die Bregg gemietet. Die Großmutter allerdings hatte es jedes Mal mit einer abwertenden Handbewegung abgelehnt, an solchen Ausflügen teilzunehmen.

Damit nicht genug! Sie reiste in eine größere Stadt, etwa zwei Eisenbahnstunden entfernt. Dort besuchte sie ein Pferderennen. *Der Buchdrucker war jetzt durch und durch alarmiert. Er wollte einen Arzt hinzugezogen haben. Mein Vater schüttelte den Kopf, als er den Brief las, lehnte aber die Hinzuziehung eines Arztes ab.*

Sie war allerdings nicht alleine zu dem Pferderennen gefahren. Sie hatte ein junges Mädchen mitgenommen, das als Küchenmädchen in dem Gasthof arbeitete, in dem sie jeden zweiten Tag speiste. Der Buchdrucker beschrieb das Mädchen als eine halb Schwachsinnige und schrieb in seinen Briefen: *dieser »Krüppel« spielte von jetzt an eine Rolle.*

Die Großmutter schien einen Narren an ihr gefressen zu haben. Sie nahm das Küchenmädchen mit ins Kino und sogar zum Flickschuster. Es wurde gemunkelt, *dass die beiden Frauen bei einem Glas Rotwein in der Küche Karten spielten. »Sie hat dem Krüppel jetzt einen Hut gekauft mit Rosen drauf«, schrieb der Buchdrucker verzweifelt. »Und unsere Anna hat kein Kommunionskleid!«*

Die Briefe des Buchdruckers an seine Geschwister wurden ganz hysterisch und *handelten nur von der »unwürdigen Aufführung unserer lieben Mutter«.*

In Wirklichkeit lebte meine Großmutter auch diese letzten Jahre keinesfalls üppig. Wenn sie nicht im Gasthof aß, nahm sie meist nur ein wenig Eierspeise zu sich, etwas Kaffee und vor allem ihren geliebten Zwieback. Dafür leistete sie sich einen billigen Rotwein, von dem sie zu allen Mahlzeiten ein kleines Glas trank. Das Haus hielt sie sehr rein, und nicht nur die Schlafstube und die Küche, die sie benutzte. Jedoch nahm sie darauf ohne Wissen ihrer Kinder eine Hypothek auf. Es kam niemals heraus, was sie mit dem Geld machte. Sie scheint es dem Flickschuster gegeben zu haben. Er zog nach ihrem Tod in eine andere Stadt und soll dort ein größeres Geschäft für Maßschuhe eröffnet haben.

Genau betrachtet, lebte sie hintereinander zwei Leben. Das eine, erste, als Tochter, als Frau und als Mutter und das zweite einfach als Frau B., eine allein stehende Person ohne Verpflichtungen und mit bescheidenen, aber ausreichenden Mitteln. Das erste Leben dauerte etwa sechs Jahrzehnte, das zweite nicht mehr als zwei Jahre.

Weiter geht es in der Geschichte, dass *sie im letzten halben Jahr sich gewisse Freiheiten gestattete, die normale Leute gar nicht kennen.* So ging sie im Sommer bereits um drei Uhr in der Früh durch die leeren Straßen des Städtchens spazieren, um es ganz alleine für sich zu haben. Und den Pfarrer, der sie besuchte, um ihrer Vereinsamung Gesellschaft zu leisten, lud sie, *wie allgemein behauptet wurde, ins Kino ein!*

So wie sich herausstellte, war sie keineswegs vereinsamt. *Bei dem Flickschuster verkehrten anscheinend lauter lustige Leute, und es wurde viel erzählt. Sie hatte dort immer eine Flasche ihres eigenen Rotweins stehen, und daraus trank sie ihr Gläschen, während die anderen erzählten und über die würdigen Autoritäten der Stadt loszogen.*

An einem Herbstnachmittag starb sie ganz unvermittelt. Sie saß auf einem Holzstuhl am Fenster, als der Tod sie ereilte. *Sie hatte den »Krüppel« für den Abend ins Kino eingeladen, und so war das Mädchen bei ihr, als sie starb.*
»Die unwürdige Greisin«, so der Titel der Geschichte von Bertolt Brecht, wurde vierundsiebzig Jahre alt.

Nach einer Fotografie, welches sie auf dem Totenbett zeigte, beschreibt der Enkel – Bertolt Brecht – seine Großmutter: *Man sieht ein winziges Gesichtchen mit vielen Falten und einen schmallippigen, aber breiten Mund. Viel Kleines, aber nichts Kleinliches. Sie hatte die langen Jahre der Knechtschaft und die kurzen Jahre der Freiheit ausgekostet und das Brot des Lebens aufgezehrt bis auf den letzten Brosamen.*

Ich erzähle Ihnen diese Geschichte, um Ihnen zu zeigen, dass es sich in jedem Lebensalter lohnt, sich endlich selbst zu leben. Selbst wenn es nur von kurzer Dauer sein sollte, kann man es auskosten: bis zum letzten Atemzug!

Dazu gehört, sich frei zu machen von alten Konventionen und Glaubenssätzen, wie die zweite Lebenshälfte gelebt werden müsse – nach den Vorstellungen und Erwartungen anderer, des eigenen Glaubens, der Familie und der Gesellschaft.

Brechts Großmutter, gerade Witwe geworden, verhält sich ganz anders, als ihr die ihr zugedachte Rolle einer trauernden Witwe vorschreibt. Sie fällt aus der Rolle, weil sie alleine bleiben will in ihrem Haus, anstatt die Kinder aufzunehmen oder zu ihnen zu ziehen! Sie fällt aus der Rolle, weil sie im Gasthaus isst! Sie fällt aus der Rolle, weil sie mit 72 einen Freund hat und vielleicht noch schlimmere Dinge mit ihm treibt, als nur ein Glas Wein zu trinken ... wie ihre Kinder vermuten.
Die Geschichte der »unwürdigen Greisin« dient auch als weiteres Beispiel für Ungehorsamkeit im positiven Sinne. Sie hat sich keineswegs »altersgerecht« verhalten. Sie ist aus der Rolle gefallen, indem sie während ihrer letzten Jahre – bis zu ihrem Tod – ein intensives Leben geführt hat.

Vielleicht würde man heute keinen Arzt mehr zu Rate ziehen, weil man an dem Geisteszustand des Betreffenden zweifeln würde. Und doch habe ich den Eindruck, dass sich in manchen Köpfen – selbst im 21. Jahrhundert – nicht viel geändert hat. Noch immer zweifelt man an dem Verstand desjenigen, der es wagt, so ganz und gar nicht die ihm zugedachte Rolle zu spielen und vor allem dann, wenn er sich partout nicht altersgerecht verhalten will.
Das kann doch nicht normal sein, wenn ein Mensch im Alter von 64 Jahren auf einmal beginnt, sich neu zu erschaffen. So mir nix, dir nix einfach mehr als 40 kg abspeckt, sich modisch kleidet und sein ganzes persönliches Umfeld vom alten, muffigen Plunder befreit. Nichts hat die Gemüter so sehr erregt wie

die Verwandlung des Modeschöpfers Karl Lagerfeld. Wie kann er es wagen, sich in »seinem Alter« in enge Jeans und Stiefel zu zwängen! *»Sieht er nicht grauenhaft aus, so dünn, so mager, so krank«*, lauten die (neidischen) Kommentare! *»Er hat bestimmt Aids, oder er hat sich einer Luposuktion unterzogen (Fett absaugen), ja überhaupt hat er sich liften lassen«*, so die Vermutungen anderer. Laut Lagerfeld stammen solch giftigen Kommentare meist von übergewichtigen Zeitgenossen oder Menschen, die in seinem Alter sind und sich nicht mehr ändern wollen.

Warum darf ein Mensch, der über 60 ist, nicht 40 kg abnehmen, sich völlig neu kleiden, ja, sich regelrecht neu erschaffen? Ist das ein Privileg der Jugend? Ist das ein Grund, einen Menschen zu belächeln, zu bemitleiden und ihm allerlei Übles unterzujubeln? Wenn sich jemand traut, nicht die typische »Altersrolle« zu spielen, steht alles Kopf. Da braucht man schon eine Menge Selbstbewusstsein. Gott sei Dank ist Karl Lagerfeld damit bestens ausgestattet.

Seit vielen Jahren faszinieren mich Menschen, die so ganz aus der Altersrolle fallen. Damit meine ich keineswegs die auf »Jung« getrimmten Alten. Ich »sammele« die Lebenskonzepte von Menschen, die sich von der Masse abheben, die auch im späteren Leben geistig wach und lebensfroh geblieben sind. Es gibt so wenig positive Beispiele. Karl Lagerfeld ist für mich ein positives Beispiel. Er ist ein Best Ager! Lagerfeld dazu in seinem Buch: *»Irgendwie bin ich alterslos, ich gehöre keiner Generation an.«* Und an anderer Stelle meint er: *»Es stört mich nicht, ein alter Mann zu werden und Falten zu haben. Ich will nicht hübsch und jung sein, aber es gibt eine gewisse Haltung, die meines Erachtens besser ist, und mein Vater hatte sie noch mit fast neunzig.«*

Ohne es darauf anzulegen, wirkt Karl Lagerfeld heute jugendlicher denn je. Er hat jetzt – im Jahre 2003 – seinen 65. Geburtstag gefeiert. Einige behaupten, er sei in Wirklichkeit bereits 70 Jahre alt geworden. Wenn dem so ist: Meine Hochachtung und herzlichen Glückwunsch!

Es gibt so wenige Frauenvorbilder, die es auch ohne Spritze und Silikon schaffen, diesen jugendlichen Esprit zu verbreiten. Aber es gibt sie, Männer und Frauen, die sich ein Leben lang neu erfinden und in jedem Lebensjahrzehnt faszinierend sein können.

Jeder von uns kann dazu beitragen, »positiv aus der Rolle zu fallen« und unseren Altersgenossen und -genossinnen ein Vorbild zu sein, an dem sie sich orientieren können. Wir alle können unser Leben revolutionieren und mit unserem eigenen Verhalten neue Akzente setzen und der Jugend zeigen, dass sie sich nicht fürchten müssen vor dem Alter. Und dass es sich lohnt, schon rechtzeitig aus der Rolle zu fallen, damit das Altern nicht gleichzusetzen ist mit Dahinvegetieren und langsamem Sterben, sondern ein aktives Leben bedeuten kann.

Ich werde immer Ausschau nach Menschen halten, die der herkömmlichen Rolle nicht entsprechen, sondern die Best Ager geworden sind.

Aber auch von den negativen Beispielen kann man lernen. Welches Verhalten, welche Einstellung mag wohl dazu geführt haben, dass der Mensch voller Resignation, Erstarrung, Verzweiflung so geworden ist, wie er jetzt ist? Vielleicht haben sie die Vorstellung eines negativen Alt-Seins schon so lange mit sich herumgeschleppt, dass dieses Bild sich wie eine sich selbst erfüllende Prophezeiung in Körper und Geist manifestiert hat.

Deshalb seien Sie wachsam und revolutionieren Sie auch Ihr Denken! Im nächsten Kapitel möchte ich noch genauer ausführen, warum das notwendig ist.

Ein neuer Blickwinkel

Heller zu leuchten als all die anderen um Sie herum
erfordert Mut.

Haben Sie keine Angst vor den Qualitäten,
die Sie von Ihren Mitmenschen unterscheiden.

»Ich liebe die Andersartigkeit der Menschen,
die ihr Anderssein authentisch leben. Sich äußerlich zeigen
durch Kleidung, Haartracht oder andere sichtbare Zeichen.
Oder durch ihr Handeln, das sie an den Tag legen,
ohne die geringsten Anzeichen der Frage:
›Was mögen die anderen denken?‹
Ich liebe diese Echtheit, auch wenn sie manchmal
nicht in mein Bild der Welt paßt.«

*Irina Rauthmann (*1958)*
deutsche Aphoristikerin und Lyrikerin

»Immun« gegen Krankheit und Verfall

Revolutionieren Sie auch Ihr Denken, denn was immer Sie denken, Sie haben Recht! Wenn Ihnen jemand sagt: *»Dazu sind Sie zu alt«* oder: *»Da ist nichts mehr zu machen«* oder: *»Das ist nichts mehr für Sie«*, verwerfen Sie dieses Gedankengut sofort. Hüten Sie sich vor so einem Gift! Denn ob Sie jetzt glauben, dass sowieso alles seinen Lauf nimmt oder alles von »oben« gelenkt wird – Sie haben Recht und Sie werden Recht behalten. Wenn Sie glauben, dass Ihr Tag nun versaut ist, weil es draußen in Strömen regnet – Sie haben Recht. Es wird ein blöder Tag werden! Ob Sie nun glauben, dass Menschen ab einem bestimmten Alter keine Zukunft haben, Sie werden Recht behalten. Ob Sie nun glauben, dass Menschen ab einem bestimmten Alter senil, langsam und starrsinnig werden, Sie werden auch hier Recht behalten, wenn Sie davon überzeugt sind. Denn Ihre Überzeugungen werden zu Ihren Wahrheiten werden. Das Fatale daran ist, *»dass jeder Glaube, der intensiv ist und der durch unsere Erfahrung bestätigt wird, für unseren Körper absolut real ist«*, so Dr. Ulrich Warnke, Autor des *Buches: »Die geheime Macht der Psyche«*. Sie können sich regelrecht auf ein negatives, krankhaftes Altern programmieren. Mit Ihrem Denken! Auch hier müssen Sie aussteigen. Aussteigen aus solch einem Denken, das Sie bis in die kleinsten Zellen Ihres Körpers hinein programmiert, Sie auf die Erfüllung Ihrer Erwartungen einstellt.

Aufhören, sich auf das Altern zu programmieren, hat nichts damit zu tun, einem Jugendwahn zu folgen. Und es hat schon dreimal nichts damit zu tun, dass Sie sich zu einem Teenie zurückentwickeln müssen. Es hat auch nichts damit zu tun, dass man faltenfrei durch die Gegend läuft. Es hat damit zu tun, dass Ihr Glaube für Ihren Körper wie Wissen ist.

Was glauben wir, wenn wir an die Zukunft denken? Wie sehen wir uns im Geiste mit 70 oder 80 Jahren oder noch älter? Meist haben wir düstere Erwartungen, wenn wir an unseren eigenen Alterungsprozess denken. Bilder von Bluthochdruck, Arteriosklerose, Gicht, Rheuma oder Krebs prägen den Blick in die Zukunft.

Und gerade dieser Erwartung, diesen inneren Bildern sollten wir unsere ganze Aufmerksamkeit widmen. Wir müssen uns erst einmal wieder bewusst machen, welche Macht diese Bilder und Erwartungen auf uns haben und wie sehr sie unsere Körperchemie verändern können.

Ein guter Freund von mir hat diese Thematik während seines Vortrages auf den Punkt gebracht. Er meinte sinngemäß, wenn wir von der Macht der inneren Bilder, des Glaubens oder von Visualisierung sprechen, werden viele von uns feststellen, dass wir gegenüber diesen Begriffen eher eine abfällige, wenig wertschätzende Haltung einnehmen.

Wir verbinden diese Wörter eher mit Hokuspokus und fernen, fremden Kulturen, denken an den Voodoo-Effekt und Magie und halten es eher für unwahrscheinlich, dass sie uns betreffen und auf uns wirken könnten.

Wir müssen aber nicht unbedingt in fremde Kulturen nach solchen Phänomenen suchen, nein, wir finden sie auch direkt in unserer »zivilisierten« Umgebung.

Bruce Moseley, ein amerikanischer Orthopäde, lieferte dafür einen besonders deutlichen Beweis: In einer Studie operierte er die Hälfte seiner Patienten mit Knieproblemen unter Lokalanästhesie nach allen Regeln der Kunst: Der zerstörte Knorpel wurde abgetragen, die Oberfläche sorgfältig mit einer Fräse geglättet und das Gelenk gespült. Ein übliches und überzeugendes Behandlungskonzept. Die andere Hälfte der Patienten bekam im Operationssaal lediglich zwei kleine Schnitte am Knie. Auf einem Monitor aber sahen sie die Bilder einer echten Operation. Die Geräuschkulisse sowie die Handlungsweise des OP-Teams bei einer Arthroskopie wurde also lediglich simuliert. Damit auch alles echt wirkte, wurde das Bein ein bisschen gedehnt und gestreckt, schließlich goss ein Assistent Wasser in einen Eimer – es sollte sich so anhören, als würde ein Gelenk ausgespült. Reine Vorsicht für den Fall, dass der Patient doch etwas mitbekäme. Die Patienten waren also der festen Überzeugung, dass sie wirklich operiert würden. Auch der scheinoperierte Patient verbrachte einen »postoperativen« Tag auf Station, bevor er nach Hause entlassen wurde. Überraschendes Fazit der Studie: Zwischen den Patienten der echten und der simulierten Operation gab es keinen Unterschied beim Heilungserfolg – auch nicht zwei Jahre später.

Sie sehen, was ich damit meine, wenn ich sage: Ihr Körper glaubt, was Sie sagen. Alles, was wir denken, glauben und uns innerlich vorstellen, hat eine direkte Wirkung auf unseren Körper.

Vielleicht ist es tatsächlich unsere Erwartung an den Alterungsprozess, der uns irgendwann alt aussehen lässt. Wir unterstützen diesen Prozess jedenfalls, indem wir uns täglich in kleinen Dosen unsere psychische Impfung geben, so wie ich es

anfangs beschrieben habe. Wiederholen wir solch destruktive Sätze wie z.B.: »Jetzt werde ich alt« immer wieder in unseren Gedanken, konditionieren wir uns darauf.
Wissen Sie, wie und wo Ihr Alterungsprozess gesteuert wird? Er wird im Wesentlichen durch Ihr Hauptalterungsorgan gesteuert und das sitzt zwischen Ihren zwei Ohren – das Gehirn. Durch alle Öffnungen – Augen, Ohren, Nase – orientiert es sich nach außen. Worte, Bilder und Gefühle programmiert es um, wie in einem Computer.

Candace Pert, Autorin und Wissenschaftlerin aus Amerika, war für den Nobelpreis nominiert. Sie hat sozusagen unter dem Mikroskop festgestellt, dass es eine Verbindung zwischen unserem Körper und unserem Denken und Fühlen gibt. Und dass die Verbindung zwischen unserem Körper und unserer Psyche durch Moleküle bewirkt wird. Moleküle sind die kleinsten Teilchen in uns, meist bestehend aus zwei oder mehr Atomen. Und diese Moleküle übermitteln Informationen.

Dem Verfasser des Buches *»Die Kunst des Heilens«*, Bill Moyers, gab sie folgendes Interview. Sie meinte sinnbildlich: »Stellen Sie sich Millionen von Satellitenschüsseln vor, die alle über einer einzigen Zelle verteilt sind. Die Zellen warten auf den Befehl, ob sie sich teilen sollen oder nicht, ob sie mehr oder weniger von diesem oder jenem Protein herstellen sollen oder jenes Gen stimulieren sollen. Alle Vorgänge im Körper werden von diesen Botenmolekülen gelenkt ... Die Rezeptoren – also die Satellitenschüsseln –, die sich auf der Zelloberfläche befinden, fahren kleine Antennen aus und empfangen, was hereinkommt.«

Sie erklärt, wie das Molekül und der Rezeptor zusammenarbeiten und dadurch andere Reaktionen im Körper in Gang kom-

men und weitere Veränderungen stattfinden, und wie zum Schluss die Meldung wieder an die Gehirnrezeptoren zurückgeht, was als Emotion eintrifft.
Auf den gesamten Körper bezogen nennt man das das psychosomatische Kommunikationsnetz, und es bedeutet, dass Informationen hin- und herfließen.

Jetzt beziehen wir das Ganze auf den Alterungsprozess: Sie schlagen morgens die Augen auf und fragen sich, warum Sie überhaupt aufstehen sollen. Für wen und für was? Das Grau des Lebens drückt Sie nieder. Keine Aufgabe, kein Sinn! Bitte denken Sie ab jetzt daran, dass 70 Billionen Zellen ihre »Ohren« auf Empfang haben: Also werden Moleküle losgeschickt und die senden diese Botschaften wie kleine Boote in den Körper hinunter, wo sie Anlegestellen vorfinden, sagen wir mal an Ihren Fortpflanzungsorganen, die ja maßgeblich für das Altern verantwortlich sind. Die Antennen stehen auf Empfang – nehmen alles auf, zum Beispiel: *»Ich bin alt und nutzlos!«*
Dann findet der vorher beschriebene Anheftungsvorgang statt. Der Rezeptor bewirkt, dass die Hormonproduktion eingestellt wird, denn Sie programmieren sich ja auf alt. Ist das vollzogen, meldet das Gehirn das, was als Emotion oder Gefühl wieder eintrifft: *»Aus und vorbei mit der Jugend.«* Folge: Schwerste Depression über den zu erwartenden Alterungsprozess.

Üben Sie Ihre Vorstellungskraft und stellen Sie sich bildlich vor: Überall in Ihrem Körper sitzen kleine Empfangsstationen, die rund um die Uhr ihre Antennen auf »Aufnahme« geschaltet haben und sofort alle Gedanken in Impulse verwandeln und diese auf der Stelle über kleine pfeilschnelle Boten an alle Körperorgane bringen, die sich sofort dementsprechend verändern.

Hier noch einmal Ulrich Warnke dazu: *»Körpereigenes Wissen steuert die Materie des Körpers!«*

Wie wahr!

Also überdenken Sie genau, welches Gedankengut Sie in sich tragen (wollen). Dem Gedanken: *»Es ist doch alles aussichtslos«* scheinen sich die Zellen des Körpers anzuschließen. Bitte verstehen Sie jetzt nicht darunter, nur positiv denken zu sollen. Davon halte ich nichts. Unter positiv denken verstehen viele, alles durch die rosarote Brille zu sehen und sich die Welt schön zu färben. Nein, mir geht es um eine optimistische Grundhaltung dem Leben gegenüber und um eine lebensbejahende Grundhaltung im Denken. Es gibt allen Grund, die Welt als positiv und sinngebend zu sehen. Wir haben immer zwei Möglichkeiten: zu resignieren und unterzugehen oder durchzuhalten und all unsere Kräfte zu mobilisieren. Wir haben die Fähigkeit, zu denken. Und diese Fähigkeit gibt uns die Chance, positiv in unser Schicksal einzugreifen.

Ich glaube, wir sollten vorsichtig sein, wie wir über uns denken, wie wir den inneren Dialog mit uns führen, wie wir miteinander über das Alter reden. Wir sollten nie aufhören, an das Leben und seine vielfältigen Möglichkeiten zu glauben.

Lenken Sie Ihre Aufmerksamkeit weg von der typischen Altersspirale, die Sie unweigerlich nach unten zieht. Nehmen Sie eine psychische Neuimpfung vor. Orientieren Sie sich neu. Richten Sie Ihr Leben so ein, dass Sie mehr davon haben wollen, denn nichts lässt einen Menschen so schnell altern, als wenn er das Gefühl hat, keine sinnvolle Aufgabe mehr im Leben zu haben.

Aber kehren wir zurück, um erst einmal Ordnung auf Ihrer Körperebene zu schaffen. Jetzt geht es um Selbstsorge – und zwar für Ihre Gesundheit, für die Sie, als Best Ager, selbst sorgen werden.

Ein neuer Blickwinkel

Sie können es ... wenn Sie nur daran glauben!

»Sei dessen bewusst, was du sein willst!
Sei in Gedanken, Einstellung und Verhalten der,
der du sein möchtest!«

Hans Rudolf Kaufmann

Literaturtipp:
Candace Pert: *Molekühle der Gefühle*

TEIL 2

Umsteigen

Chefsache! Ihre Gesundheit

Wie bereits schon angedeutet, ist der Weg zur Quelle eines sinnerfüllten Lebens als Best Ager – welches man viel besser führen kann, wenn man frei von Krankheiten ist – mit Eigenverantwortung gepflastert. Dazu braucht der Mensch einen klaren Blick und die Erkenntnis, dass man sich Krankheiten wie Krebs, Herz-Kreislauf- und Stoffwechselerkrankungen – meist auftretend im besten Lebensalter – nicht wie eine Erkältung einfängt. Sie sind die Folgen jahrzehntelangen Missbrauchs des Körpers. Unabdingbar für diesen klaren Blick ist das Ablegen der »Autoritätsduselei« gegenüber Ärzten und dem gesamten medizinischen Lehrgebäude. Dies ist der größte Feind auf der Suche nach Gesundheit und lenkt den Blick von den angeborenen Selbstheilungskräften des Körpers ab.

Ich will gar nicht lange »drum herum« reden, deshalb gleich vorweg ein Appell an Sie: Machen Sie Ihre Gesundheit zu *Ihrer* Chefsache! Übernehmen *Sie* die Verantwortung für das reibungslose Funktionieren Ihres Körpers! Geben Sie die Verantwortung für Ihre Gesundheit nicht an der Garderobe des Staates oder der Arztpraxis ab. Machen Sie sich frei von Krankheiten und unabhängig von pharmazeutischen Produkten.

Viele greifen leichtsinnig zu Medikamenten, um einfache Volkskrankheiten oder Zivilisationskrankheiten unserer Zeit, die durch unseren unachtsamen Lebenswandel hervorgerufen werden, »zu behandeln«.

Sich von Zivilisationskrankheiten und somit auch von Medikamenten zu befreien, ist das Gebot der Stunde! Denn unsere gesamte Gesellschaft steckt in einer sehr ernsten Gesundheitskrise, deren Ausmaße noch nicht abzusehen sind – und unser Gesundheitssystem wird nicht mehr zu bezahlen sein.
So steht zum Beispiel in dicken fetten Lettern in der heutigen Tageszeitung: »Experten einig: ›Gesundheit kostet bald extra.‹« Und weniger dick steht zu lesen, dass die Bürger künftig deutlich mehr selbst vorsorgen müssen. Ich glaube, hier wurden die Tatsachen vertauscht. Genau genommen stellt Krankheit einen besonderen Kostenfaktor dar, der in absehbarer Zeit nicht nur extrem hoch sein wird, nein, er wird sogar – wie bereits erwähnt – nicht mehr zu bezahlen sein.

Sorgen Sie vor, lassen Sie erst gar nicht so weit kommen, dass chronische Krankheiten Sie für den Rest Ihres Lebens an den pharmazeutischen Tropf hängen. Denn die Perspektiven aus medizinischer Sicht sind nicht sehr erfolgversprechend. Die Schulmedizin hat hier nicht viel zu bieten, sondern bestenfalls die lebenslange Einnahme von Medikamenten, wahrscheinlich sogar mit unerfreulichen Nebenwirkungen, die den Krankheitsverlauf nicht stoppen, sondern lediglich verlangsamen. Ich glaube, über den Wahrheitsgehalt dieser Aussage brauchen wir nicht zu diskutieren, denn jeder von uns kennt wiederum jemanden, der ein Leben lang irgendwelche Medikamente einnehmen muss, ohne dass eine wirkliche Verbesserung dadurch erreicht worden wäre.

Wir müssen uns natürlich darüber im Klaren sein, dass wir eine Krankheit ja nicht bekommen, weil uns gerade dieses oder jenes Medikament gefehlt hat! Über den leider häufig fahrlässigen Gebrauch von Medikamenten habe ich bereits in meinem ersten Buch geschrieben, sodass ich mich hier nicht wiederholen will.

Doch halt, eines muss ich noch erwähnen: Gerade wurde eine Studie von einer pharmazeutischen Firma veröffentlicht, die ein Mittel anpreist, welches bei täglicher Einnahme das Risiko von Herzinfarkt und Schlaganfall senken will, weil es das Blut verdünnt! Jetzt läuft die Werbung stündlich über Funk und Fernsehen! Ist das nicht unglaublich? Jetzt rennen Tausende in die Apotheke und kaufen sich ein Medikament, ungeachtet der Nebenwirkungen, und glauben, dass sie nun die beste Vorsorge getroffen haben, wenn sie sich die »Medizin des Lebens« kaufen.
Bitte, bitte rennen Sie nicht mit! Sondern rennen Sie diesem System davon, so schnell Sie können. Denn in diesem System gibt es nur Gewinner und Verlierer. Wer der Verlierer sein wird, ist klar: Sie!

Sie selbst können für Ihre eigene Gesundheit sorgen und müssen sich nicht abhängig machen. Doch uns allen wird vorgegaukelt, dass man Gesundheit nur vom Arzt bekommt. So werden wir durch Werbung und durch ärztliche Kampagnen auch in dem Glauben gestärkt, dass *»Sie gesundheitsvorsorglich nicht anderes zu tun brauchen, als sich für Früherkennungsmaßnahmen zur Verfügung zu stellen«*, so der Autor des Buches *»Heilen verboten, töten erlaubt«*, Kurt G. Blüchel.

Vorsorge in medizinischer Sicht ist für mich ein Reizwort, besonders in einer Zeit, in der wir uns die High-Tech-Medizin eigentlich schon gar nicht mehr leisten können. Vorsorge oder Früherkennung kann auch seltsame Blüten treiben. So wurde in Amerika – nachdem der Zusammenhang zwischen Brustkrebs und einem bestimmten Gen aufgedeckt wurde – gesunden Frauen geraten, die ein solches Gen in ihrem Körper trugen, sich vorsichtshalber die Brüste abnehmen zu lassen(!). Die Angst der Frauen, ebenfalls an Krebs zu erkranken, ist sehr gut nachvollziehbar, und sie fordern nicht selten monatliche Mammografien im Rahmen der so genannten Krebsprophylaxe, um sich medizinisch sicher zu fühlen. Nach 15 Jahren Strahlenbelastung können Sie sich wohl denken, wie es mit dem Risiko, an Brustkrebs zu erkranken, steht!

In einer Gesellschaft, in der wir darauf dressiert werden, unsere Vorsorge nicht selbst wahrzunehmen, sondern äußere Autoritäten dafür verantwortlich zu halten, wird der Wille zur Eigenverantwortung in einer Flut von angstmachenden Drohgebärden ertränkt und der Individualist, der dem System entrinnt und seine eigene, kostengünstige Vorsorge betreibt, eine Seltenheit.

Vorbeugung oder Vorsorge hat für mich etwas mit Eigenverantwortung zu tun. Allerdings gehört da mehr dazu, als nur eine Pille zu schlucken oder sich vorsichtshalber das eine oder andere Teil amputieren zu lassen. Wir können so unermesslich viel selbst für unsere Gesundheit tun! Der Mensch ist ein unglaublich intelligentes Wesen. Er hat es zwar geschafft, auf den Mond zu fliegen, aber er schafft es nicht, ein eigenverantwortliches gesundes Leben zu führen.
Die Frage nach Gesundheit oder Krankheit des Menschen hat immer mit der gesamten Lebensweise des Menschen zu tun. Damit meine ich sowohl den körperlichen, seelischen als auch geistigen Aspekt des menschlichen Seins. Zur Lebensweise gehört auch die Ernährung. Jeder Tierarzt, der ein krankes Tier behandelt, weil ihm z.B. das Fell in Büscheln ausgeht, würde

erst einmal das Futter überprüfen und gegebenenfalls eine Änderung empfehlen. Nur der Mensch stellt sich diese Frage äußerst selten, ja, er will davon noch nicht einmal etwas wissen. Sie dürfen ihm alles wegnehmen, aber nicht seine heiß geliebten »Drogen«. Wir alle wissen im Grunde, wie wir uns ernähren sollten. Wenig weißen Zucker! Wenig Alkohol! Mehr Obst und Gemüse! Wenig industriell verarbeitete Lebensmittel! Und so weiter und so fort. Mit der Ernährung alleine ist es allerdings nicht getan. Wir wissen auch, wie wichtig körperliche Bewegung ist. Wir alle wissen, welchen Stellenwert Ausgleichssport und meditativ betriebene gymnastische Übungen (Yoga, Tai-Chi etc.) für unsere Gesundheit hätten. Und? Machen wir's? Eher selten!

Wie viele Menschen leiden gerade in den späteren Jahren an Depressionen! Ein einfaches, kostengünstiges Mittel, um diese Krankheit zu behandeln, ist Bewegung. *Bewegung lässt die Welt etwas farbiger sehen*, so stellten Forscher aus Europa und Amerika fest, nachdem einige Studien zu diesem Thema durchgeführt worden waren. Andere Studien stellten sogar fest, dass langsame Waldläufe die gleiche Wirkung hatten wie eine Psychotherapie. Andere wiederum glauben, dass man durch tägliche körperliche Betätigung, bei der man schwitzt, 30 Jahre lang 30 bleiben kann.

Es gibt viele Wege zur Gesundheit, ohne unliebsame Nebenwirkungen von starken Drogen in Kauf nehmen zu müssen.
Und lassen Sie sich nicht von dem Werbeslogan einlullen: *»Gesundheit ist nun einmal teuer.«* Teuer ist nur die Krankheit! Niemals die Gesundheit!

Ein neuer Blickwinkel

Lassen Sie sich von akademischen oder sonstigen Titeln nicht beeindrucken.
Packen Sie selbst das Übel an der Wurzel!

»Würde die Gesundheit von der Gesundheitspolitik abhängen, wären wir schon längst ausgestorben.«

*Dr. rer. pol. Gerhard Kocher (*1939)*
Schweizer Politologe und Gesundheitsökonom in *Vorsicht Medizin*,
Ott Verlag, Thun, Schweiz

Literaturtipp:
Kurt G. Büchel: *Heilen verboten, töten erlaubt*

Medizin der Zukunft

Unsere westliche Medizin im 21. Jahrhundert ist ein gigantischer Reparaturbetrieb, der einen großen Teil der Ressourcen unserer Volkswirtschaft bereits verschlungen hat. Vielleicht hat das ja auch etwas Gutes, denn erst wenn dieses System vollständig zusammenbricht, wird es zu einer grundsätzlichen Umkehr kommen. Eigenverantwortliches *Vorbeugen statt heilen* wird das Zauberwort sein. Eigenverantwortung im Hinblick auf Bewegung, Ernährung, Entgiftung und moderaten Sport wird einen gigantischen Boom erleben und mit ihr alternative Heilverfahren. *»Geheilt! Sanft, rasch, vor allem dauerhaft und ohne Nebenwirkungen, das wird die Medizin der Zukunft sein«*, so Georges Vithoulkas, ein begnadeter Homöopath, der bekannteste unserer Zeit und Träger des Alternativen Nobelpreises. Denn wenn die Menschen erst einmal an der Praxistür eine Gebühr zahlen müssen – so wie es jetzt vorgesehen ist –, bevor sie ihren Arzt überhaupt erst einmal zu Gesicht bekommen und dafür noch Arzneimittelnebenwirkungen und -schäden hinnehmen müssen, werden noch mehr Patienten nach Alternativen zur orthodoxen Schulmedizin suchen. Angesichts der heutigen Finanzlage im »Gesundheitswesen« macht es doppelt Sinn, zumindest nach unkonventionellen Heilverfahren Ausschau zu halten. Denn bei aller High-Tech-Medizin: Wirkliche Heilung kennt unsere jetzige Schulmedizin bzw. konventionelle Medizin kaum!

Alle unkonventionellen Therapien haben ein Ziel: die Selbstheilungskräfte des Körpers anzuregen. Ob Sie sich der Homöopathie, der traditionellen indischen Medizin (Ayurveda) oder der traditionellen chinesischen Medizin (TCM) zuwenden, Sie werden feststellen, dass man mehr an Ihrem gesamten Wesen als an Ihren Knochen, Organen oder Muskeln interessiert ist. Dort steht die Frage im Vordergrund: *»Wie ist seine körperlich-seelische Verfassung? Welchen Konstitutionstyp besitzt er?«* Bei der westlichen Medizin steht der Körper als Maschine im Vordergrund. Welche Medikamente soll er nehmen? Welche Operationen wurden vorgenommen? Welche Organe wurden entfernt? Wird z. B. ein Zwölffinger-Darmgeschwür operiert, gilt der Patient anschließend als gesund. Treten nach der Operation neue Beschwerden an einem anderen Organ auf, so wird dies als neue Krankheit betrachtet und die wenigsten Ärzte machen sich Gedanken darüber, ob vielleicht ein Zusammenhang mit der gesamtem Lebenssituation des Menschen vorliegt.

Neben der jahrtausendealten indischen und chinesischen Medizin gibt es auch in Europa eine Medizin, die sich bereits seit 200 Jahren bewährt hat: die klassische Homöopathie. Auch hier liegt der Homöopathie und der Schulmedizin ein völlig anderes Verständnis von Gesundheit und Krankheit zugrunde. In der Homöopathie wird Krankheit gleichgesetzt mit Verstimmung der Lebenskraft. Ziel ist die Rückkehr zur Harmonie der Lebenskraft.

Im schulmedizinischen Denken sind Bakterien, Viren, Pilze und sonstige Mikroben die Ursache einer Erkrankung und müssen radikal mit Antibiotika oder Antimykotica abgetötet werden. Die Homöopathie hingegen ist der Ansicht, dass sich nur in einem schwachen Menschen fremde Keime einnisten und Schaden anrichten können. Die Abwehrkraft des Organismus muss gestärkt werden, dann wird der Mensch von Krankheit weitgehend verschont bleiben. Homöopathie tötet keine Bakterien oder Pilze, sondern stärkt den Menschen, damit er nicht mehr anfällig ist. In der Schulmedizin bekommt jeder Patient mit einem bestimmten Leiden ein gleichartiges Medikament, z.B. bei Schmerzen ein Schmerzmittel, bei Rheuma ein Rheumamittel, bei Heuschnupfen ein Antiallergikum, bei Hautausschlag Kortison etc. In der Homöopathie dagegen wird nicht ein einzelnes Organ behandelt, sondern der ganze Mensch in seiner Einzigartigkeit.

Die Homöopathie und die östliche Medizin betrachten den Menschen als eine Einheit, als eine nicht trennbare Ganzheit von Körper, Seele und Geist. Der Mensch wird in seiner Gesamtheit behandelt, nicht seine einzelnen Teile. Das ist Ganzheitsmedizin!

Bei uns gibt es einen Kardiologen, der Herzkranke behandelt. Ein Internist wird Magen-Darmstörungen behandeln. Ein Gynäkologe ist für Frauenleiden zuständig und so weiter und so fort. Die Schulmedizin will die einzelnen Symptome so schnell wie möglich entfernen, dann gilt der Patient als geheilt. Gebärmutter weg, Brust ab, Eierstöcke raus! Der Krebs wird herausgeschnitten, bestrahlt oder es wird versucht, ihm mit einer Chemotherapie den Garaus zu machen. Stirbt der Patient, so liegt es nicht am medizinischen System oder den jeweiligen Behandlungsmethoden, nein, dann heißt es, die Krankheit sei schon zu weit fortgeschritten gewesen.

Ziel der ganzheitlichen Behandlung ist es, die Lebenskraft zu stärken und zu harmonisieren, damit der Organismus wieder in die Lage versetzt wird, die Krankheit selbst zu besiegen.
Dabei sind weder die Homöopathie noch die anderen unkonventionellen Heilverfahren gegen lebenserhaltende Operatio-

nen oder gegen die Notfall- oder Unfallmedizin. Ein gebrochener Arm muss gerichtet und geschient werden. Ein Mensch, der z. B. dehydriert ist, braucht intravenös zugeführte Kochsalzlösung, um ihn vor dem Austrocknen zu bewahren. Ein chirurgischer Eingriff ist also keineswegs immer unnötig, aber oft zu vermeiden. Häufig wird auch zu früh operiert und oft werden unnötigerweise Organe entfernt, z. B. die Gebärmutter. In der Bundesrepublik Deutschland hat heute etwa jede dritte Frau, die älter als 40 Jahre ist, keine Gebärmutter mehr. Bei Frauen nach den Wechseljahren steigt die Zahl sogar auf 53% an. In der östlichen Medizin werden alle verfügbaren Möglichkeiten ausgeschöpft, bevor man sich für einen chirurgischen Eingriff entscheidet, besonders wenn die Geschlechtsdrüsen betroffen wären. Denn mit jeder Entnahme von Organen wird der gesamte Organismus aus dem Gleichgewicht gebracht. Im Taoismus gilt das Herausschneiden eines Körperteils, der sich entzündet hat, als Verbrechen. Es ist so, als würde man einen Feuermelder ausrangieren, weil man nicht jedes Mal, wenn es brennt, die Sirene hören will. Nehmen wir als Beispiel die Mandeln, die sich entzünden, wenn unser Körper von schädlichen Keimen befallen wird. Werden sie chirurgisch entfernt, können sie nicht mehr als Alarmsignal dienen.
Wäre es nicht sinnvoll, auch von einer Medizin zu lernen, die auf eine jahrtausendealte Tradition zurückblickt, wie zum Beispiel der einer Körper-Seele-Kultur, wie sie in China praktiziert wurde und auch heute noch von einigen praktiziert wird. Die westliche Welt bräuchte auf ihre erprobten Mittel nicht zu verzichten, um sich das Beste von dem anzueignen, was sich bereits in einer anderen Kultur in jahrtausendealter Tradition bewährt hat. Genau so wenig wie die östliche Welt (wie z. B. China) es tut, die neben ihrer traditionellen Heilkunst auch die westliche Medizin praktiziert.

In China trugen die Patienten selbst die Verantwortung für die Vorbeugung von Krankheiten und den Erhalt ihrer Gesundheit. Sie griffen nur dann auf Verfahren der traditionellen Medizin wie Heilkräuter, Akupunktur oder Akupressur zurück, wenn sie ihre Gesundheit nicht mehr aus eigener Kraft erhalten konnten.

Die Vorstellung, dass der Körper unbeweglich und träge wird, wenn er nicht jeden Tag bewegt wird, hat in China eine lange Tradition. Die Chinesen vergleichen ihren Körper mit einem Türscharnier, das einrostet, wenn es nicht betätigt wird. Deshalb bewegen diese Menschen ihre Körper täglich. Die Jungen neigen eher zu aggressiven und kämpferischen Bewegungen, während die 90-Jährigen eher in meditativem selbstvergessenen Zustand ihre Übungen ausführen. Doch alle Figuren, die sie durchführen, ob aggressiv oder meditativ, werden von Generation zu Generation weitergegeben; sie haben sie von ihren Eltern und Großeltern gelernt.

Eine chinesische Weisheit besagt, dass die Behandlung eines kranken Menschen dem Graben nach Wasser gleicht, wenn man Durst verspürt. Der traditionelle chinesische Arzt erhielt auch nur ein Honorar, solange sich der Patient guter Gesundheit erfreute. Erkrankte er, wurden die Zahlungen eingestellt.

Doch wie ist es hier bei uns in Deutschland, wie sieht es mit der Eigenverantwortung aus? Der bereits erwähnte Kurt G. Blüchel, der als Medizinjournalist die Szene seit vielen Jahren kennt und beobachtet, hat die Sache auf den Punkt gebracht: »*Die Weltwirtschaft geht seit Jahren an Krücken, die deutschen Unternehmen stehen mit dem Rücken zur Wand, Bankenkon-*

sortien brechen zusammen, die Börsen signalisieren Hiobsbotschaften – nur das Medizinkartell verzeichnet seit Jahrzehnten Zuwachsraten wie im Schlaraffenland.« Weiter meint er, dass nicht nur ein unablässig anschwellendes Heer von Arbeitslosen, sondern auch Millionen Familien um ihre Existenz ringen und über eine Million Eltern mit ihren Kindern an der Armutsgrenze vegetieren – *»aber die oberste Heeresleitung der deutschen Ärzteschaft droht mit Lahmlegung des gesamten Gesundheitswesens, wenn der Rubel seitens der Krankenkassen nicht rollen sollte wie befohlen.«*

Wäre es nicht Aufgabe des Arztes, auch in finanziellen Krisenzeiten seinem Eid treu zu bleiben, dem Patienten helfen zu wollen, anstatt mit Boykott zu drohen? Blüchel hat wohl in vielen Fällen Recht, wenn er meint, bei den Ärzten gehe Monetik über Ethik.

Gerade heute im 21. Jahrhundert sollten die Einbeziehung unseres Temperamentes, unserer Ernährung, unseres Denkens, unserer Gefühle und körperlichen Betätigung wieder von großer Bedeutung für unsere Gesundheit sein. In der Medizin der Zukunft trägt jeder Einzelne die Hauptverantwortung für Krankheit oder Gesundheit und gibt sie nicht an das medizinische System ab.
Damit will ich Ihnen nicht den Arztbesuch ausreden. Ich weiß, wie wichtig es ist, im Falle einer Erkrankung auf die Hilfe eines Arztes zurückgreifen zu können. Zur Heilung gehört auch das Vertrauen in den Arzt und in seine Therapie. Alleine das Vertrauen in eine Sache kann schon eine Heilung in Gang setzen. Suchen Sie sich eine Person Ihres Vertrauens!

Auch ich habe eine Ärztin, der ich vertraue. Ich vertraue aber auch meinen Selbstheilungskräften. Ich nutze meine Intelligenz, die mir als Mensch gegeben ist: Ich kann denken, prüfen, planen und ich habe Bewusstsein – ich bin mir meiner selbst bewusst und ich lebe bewusst. Ich verteidige meine Gesundheit, mein Leben nicht »einfach durch Pillenschlucken«, sondern ich suche mir eine Therapieart und die Person – Heilpraktiker oder Arzt –, die an meinem Heilwerden interessiert ist, die mich in meiner Auffassung unterstützt. Ich werde immer alle Wege nutzen, um mich mobil und fit zu halten, strategisch und methodisch. Ich würde mich nie einer Behandlung unterziehen, die schlimmer ist als die Krankheit selbst. Sollte ich eine Krankheit nicht überwinden können, werde ich meinen Frieden schließen. Dann weiß ich, dass meine »Schulzeit« hier auf Erden beendet ist.

Hier sei noch einmal in aller Deutlichkeit gesagt: Ich will Sie nicht davon abhalten, regelmäßig Untersuchungen machen zu lassen oder Ihnen einen Arztbesuch ausreden, mit dem Sie erhoffen, Krebs oder sonstige Erkrankungen frühzeitig zu erkennen. Mir ist wichtig, dass Sie überhaupt nicht an Krebs oder sonst etwas erkranken! Und das liegt auch in Ihrer Verantwortung. Die können Sie nicht einfach abgeben.

Mir ist auch wichtig, Ihnen den Gedanken näher zu bringen, dass Ihr Lebensziel nicht nur in einem langen Leben, sondern in einer für Sie günstigen Lebensweise und in einem Leben in Gesundheit besteht.

Gesundheit ist lernbar! Auch ich habe mir dieses Ziel gesetzt!

Ein neuer Blickwinkel

Gehen Sie neue Wege. Suchen Sie sich Behandlungsstrategien, die Ihren Körper unterstützen – und nicht schädigen!

»Unser Körper ist unser Garten – unser Wille der Gärtner.«

William Shakespeare (1564–1616)

Literaturtipp:
Georges Vithoulkas*: *Medizin der Zukunft*

Verhaltensmuster hinterfragen

Ich bin davon überzeugt, dass unsere Gesundheit im Wesentlichen von drei Faktoren abhängt: von unserer Ernährung, von unserer Lebensführung – dies beinhaltet auch eine gesunde Psychohygiene – und von unserer Umwelt. Ich will Ihnen jetzt weniger bekannte Faktoren vorstellen, die die Ursache für gesundheitliche Störungen sein können und auf die wir in der Regel selten kommen, weil sie sich erst einmal nicht schmerzhaft bemerkbar machen. Oft sind es nur Kleinigkeiten, die uns daran hindern, uns so richtig gesund zu fühlen; denn nur weil wir (noch) nicht krank sind, müssen wir nicht zwangsläufig gesund sein!

Vielleicht sind einige dieser Erkenntnisse neu für Sie und mögen bei Ihnen ein Aha-Erlebnis auslösen und Ihnen als Grundlage dienen, neue Zusammenhänge zwischen Gesund- und Kranksein zu erkennen. Es mag für viele ein Impulsgeber für ein neues, gesundes von Krankheiten unabhängiges Leben sein. Es mag auch eine Anregung sein, einmal andere Wege zu gehen, die naturheilkundlich und ganzheitlich sind. Wege, die dazu führen, Ihr körpereigenes Regulationssystem auf Vordermann zu bringen und Ihnen ein starkes Immunsystem bescheren.

Ich möchte in Ihnen das Vertrauen stärken, dass schon kleine Änderungen Ihre Selbstheilungskräfte wecken können. Ihre Selbstheilungs-Kraft ist wie ein Schutzschild, das den Feind abwehrt. Diese Kraft macht Sie unverwundbar und wenn sie einmal gestört ist, helfen Ihnen auch die modernsten medizinischen Mittel nicht wirklich. Ein Arzt, ein Medikament kann Sie unterstützen, aber heilen – das geschieht in Ihrem Innersten. Diese Selbstheilungskraft, Ihre »Immunität« wurde Ihnen in die Wiege gelegt. Schützen und stärken Sie sie.

Allerdings würde es den Rahmen dieses Buches sprengen, auf alle Störfaktoren genaustens einzugehen. Ich kann Ihnen hier nur einen allerersten, einführenden Überblick geben. Sie finden jedoch am Ende des Kapitels Literaturvorschläge, um sich eingehender mit der jeweiligen Thematik zu befassen.

Fangen wir mit dem »Einfachsten« an: mit unserer Ernährung. Oft glauben wir, uns gesund zu ernähren und doch nehmen Müdigkeit, Schlaflosigkeit und Energieverlust zu. So ging es mir!
Wenn ich zurückschaue, hätte ich die Zeichen schon viel früher erkennen müssen. Aber ich ernährte mich doch so gesund! Jeden Tag Obstmüsli, zusammengesetzt aus Banane, Rosinen, ein bis zwei Esslöffeln Kokosflocken, vermischt mit dem frischen Saft einer Ananas. Keinen Tag wich ich davon ab. Das Hautjucken wurde einfach ignoriert! Ich war überzeugt, mich gesund zu ernähren.

Monate später: Schon wieder solche dicken Augenlider beim morgendlichen Anblick im Spiegel! Ich entdeckte Ansätze von Tränensäcken! Ich war entsetzt! Ab sofort gab es keinen Tropfen Alkohol mehr. Dafür gab es noch mehr frischgepressten Ananassaft und noch mehr Karottensaft. Rote Beete mit frischem Fenchelsaft kombiniert – einfach lecker! Doch – je gesünder ich lebte, desto schlechter ging es mir.

All die ganze Entsafterei und die Schnippelei des frischen biologischen Gemüses bewirkten keinerlei Änderung an meinen Augen. Sie blieben dick und geschwollen.
Überhaupt war es für mich nicht nachvollziehbar, dass mir mein Körper die gesunde Ernährung so wenig dankte. Stattdessen taten mir die Gelenke weh. Ständig war ich müde, und wenn ich das mal nicht war, war ich gereizt. Da half nur eins: Eine Kur musste her! Eine Kur, die mir Vitalität, Elan und wieder den alten Schwung verleihen würde. Den Körper so richtig runderneuern, das war das Gebot der Stunde.

Nach eingehender Recherche entschloss ich mich für die Mayr-Kur. Also, auf zu 14 Tagen Mayr-Kur in den schönen Schwarzwald. Auf zu einer kleinen Familienpension, die seit Jahren diese Mayr-Kur anbot. Wie sehr ich mich doch auf diese 14 Tage freute! Doch bereits nach zwei Tagen war ich alles andere als runderneuert. Ich war in meinem ganzen Leben, physisch und psychisch, noch nie so »abgemaiert« wie nach diesen zwei Wochen. Während der ganzen Kur fühlte ich mich elend. Nachts konnte ich nicht schlafen, eine Panikattacke jagte die andere. Herzrasen und Schwindel waren an der Tagesordnung. Der Mayr-Arzt, der zweimal pro Woche anwesend war, verordnete zusätzlich eine Extraportion Frischkäse. Die Leiterin der kleinen Pension ließ es sich nicht nehmen, mich der Gruppe als mahnendes Beispiel vorzuführen, *»wie sehr man doch verschlackt sein muss, wenn man solche Reaktionen zeigt.«* Ich reiste nach 14 Tagen ab und war todunglücklich.

Erst der Verzehr von frischen Heidelbeeren einige Monate später brachte es (schmerzhaft) an den Tag. Ich war allergisch! Auf gewisse Nahrungsmittel! Unter anderem ganz extrem auf Milch und Weizen und auf fast alle Obst- und Gemüsesorten, einschließlich Ananas, Karotten, Rote Beete und vieles andere mehr. Meine Reaktionen vor und während der Mayr-Kur waren nun nachvollziehbar.

Seither ist mir klar, dass das, was für den einen gesund ist, den anderen krank machen kann. Für jemanden, der keine allergischen Reaktionen auf Milcheiweiß und Weizenmehl hat, kann die Mayr-Kur Labsal für Körper, Geist und Seele sein. Außerdem erkennt man in professionell geführten Mayr-Kliniken Menschen mit Nahrungsmittelunverträglichkeiten und diese Kliniken sind bestens darauf eingerichtet, die krank machenden Substanzen gegen verträgliche auszutauschen. Dann können auch solche Patienten von den Vorteilen der Kur profitieren.

Jeder von uns hat seine Lieblingsspeise und deren Verbot würde bei so manchem einen Schrei der Entrüstung auslösen. »Ohne ... kann ich nicht leben!« Sie können fast sicher sein, dass gerade diese Nahrungsmittel – ohne die Sie »nicht leben können« – Ihnen alles andere als gut tun. Tests von Klinischen Ökologen – so nennt sich das medizinische Fachgebiet, das sich mit Überempfindlichkeitsreaktionen gegen Bestandteile des täglichen Speisezettels befasst – ergaben, dass wir gerade auf diese Nahrungsmittel, die wir täglich essen, also regelrecht suchtmäßig verzehren, allergisch reagieren. Solche Lieblingsgerichte können im Extremfall geradezu lebensgefährlich werden.

In der medizinischen Literatur, die sich mit diesem Thema befasst, wird oft der Fall des amerikanischen Arztes Herbert Rinkel aufgeführt. So auch in dem sehr lesenswerten Buch: *»Die Rotationsdiät«* von Dr. Anne Calatin. Sie beschreibt, wie Rinkel wegen geringer finanzieller Mittel während seines Medizinstudiums überwiegend von Eiern lebte, die ihm sein Vater kistenweise von der elterlichen Farm schickte. Sein Gesundheitszustand wurde während der vier Jahre seines Studiums immer desolater. Er litt an ständigen Kopfschmerzen, an Dauerschnupfen, Ohrenschmerzen und an Halsweh. Erst durch die medizinische Arbeit eines anderen Arztes, der sich mit Nahrungsmittelunverträglichkeiten befasste, kam er auf die Idee, dass sein Gesundheitszustand mit dem Verzehr der Eier zusammenhängen könnte. Er ließ vier Tage die Eier weg und sein Gesundheitszustand verbesserte sich schlagartig. Doch der Genuss einer Geburtstagstorte fünf Tage später, in der Eier waren, löste bei ihm eine dramatische Reaktion aus. Er brach bewusstlos zusammen und kam erst nach Minuten wieder zu sich. Das Weglassen der Eier hatte ihn hoch empfindlich gegenüber diesen gemacht. Erst Jahre später wurden seine Erkenntnisse wissenschaftlich anerkannt. Rinkel kam zu folgendem Ergebnis: *»Wenn jemand ein Nahrungsmittel täglich oder fast täglich zu sich nimmt, kann er allergisch dagegen sein, ohne es je als Ursache seiner Krankheitssymptome zu verdächtigen. Gewöhnlich ist es so, dass man sich nach dem Verzehr dieser Nahrungsmittel wohler fühlt als vor der Mahlzeit. Dies nennt man maskierte Nahrungsmittel-Allergie.«*

Nun ist es nicht damit getan, das unverträgliche Nahrungsmittel einfach wegzulassen und dafür ein anderes täglich zu verzehren. Der Körper würde vermutlich mit der Zeit auch gegen dieses Nahrungsmittel rebellieren und am Ende hätte man vielleicht überhaupt kein Nahrungsmittel mehr zur Verfügung, ohne darauf allergisch zu reagieren. Dr. Rinkel entwickelte die so genannte Rotationsdiät. Bei dieser Diät wird jedes Nahrungsmittel nur einmal alle vier Tage gegessen.

»Selbst hartnäckiges Übergewicht löst sich unter diesem Aspekt fast immer wie von selbst, sobald zur Rotationsdiät als Thera-

pieform gegriffen wird«, so Dr. Anne Calatin. Dieser Meinung schließt sich auch Frau Dr. Siegrid Flade an, die sagt: *»Es liegt mir besonders am Herzen, Menschen mit Gewichtsproblemen zu einem Versuch mit dieser Diät zu ermuntern, erlebe ich doch täglich ihren verzweifelten Kampf mit Kilos und Kalorien.«*

Ich konnte an einer Bekannten mit eigenen Augen erleben, welch wundersame Wirkung diese Therapieform mit sich brachte. Als ich sie kennen lernte, war sie gut proper. Ihre Jeans saßen immer zum Reißen gespannt. Außerdem litt sie an chronischem Asthma, sodass sie ohne ihr Kortison-Inhalationsmittel nicht auskam. Ihr kleiner Sohn litt an starker Neurodermitis und sie suchte eine Spezialistin für allergische Erkrankungen auf. Um ihren Sohn in der neuen Ernährungsform zu unterstützen, machte sie die Rotationsdiät mit. Als ich sie sechs Wochen nach Behandlungsbeginn traf, traute ich meinen Augen nicht. Die ehemals dickliche und kranke Person wurde zu einer wunderschönen, schlanken, charismatischen Erscheinung. Und ihr Asthma hatte sie mit den überflüssigen Pfunden auch verloren. Nicht nur ihre äußere Erscheinung hatte sich gewandelt, nein, auch ihre ganze Gesundheit, ihr Körper und ihr Selbstbewusstsein.

Hier bestätigte sich, was bereits von vielen Klinischen Ökologen beobachtet wurde: dass chronische Beschwerden, aber auch eine Gewichtszunahme mit einer Unverträglichkeit von – meist täglich gegessenen – Nahrungsmitteln zusammenhängen kann.

Oft sind wir gegenüber unseren Ernährungsgewohnheiten regelrecht betriebsblind. *»Was soll schon schlecht daran sein, wenn ich täglich meinen Kaffee trinke, mein Müsli oder mein*

Brötchen esse und meinen Orangensaft trinke?« Diese eingeschliffenen Verhaltensmuster hinterfragen wir in der Regel erst, wenn Unwohlsein, Schmerzen oder chronische Erkrankungen uns dazu zwingen, nach den Ursachen dieser Störungen zu forschen.
Selbst wenn Sie sich gesundheitlich gut fühlen, können Sie mit der Rotation von Nahrungsmitteln Ihre Gesundheit noch toppen.
Für alle, denen es weniger gut geht, und all diejenigen, die an »unheilbaren« chronischen Erkrankungen leiden, oftmals verbunden mit einem großen Verlust an Lebensqualität, lohnt sich ein Ignorieren der herkömmlichen Lehrmeinung *»Mit dieser Diagnose müssen Sie leben«* – und ein Blick in die unten aufgeführten Bücher.

Laut Calatin werden Nahrungsmittelunverträglichkeiten oft durch den Befall des Darmes mit dem Hefepilz Candida albicans ausgelöst. Diese so genannte Candida-Mykose entwickelt sich oft nach längerer Einnahme von Antibiotika, durch die Langzeitbehandlung mit Kortisonpräparaten und durch die langjährige Einnahme von Ovulationshemmern (Antibabypille). Gerade Symptome wie chronische Müdigkeit, Heißhungerattacken, Übergewicht, aber auch psychische Symptome wie Depressionen und manche chronische Krankheiten sind Leiden, die u.a. auf Intoxikation durch den starken Befall von Candida zurückgeführt werden können. Der Hefepilz Candida gibt Toxine (Giftstoffe) ab, die das Immunsystem schwächen und aus dem Gleichgewicht bringen. *»Der kritiklose Gebrauch von Antibiotika, nicht nur in der Humanmedizin, sondern vor allem auch in der Landwirtschaft, ist wohl eine der Hauptursachen für die heutige weite Verbreitung von Candida-Mykosen«*, so die Ärztin Anne Calatin.

Normalerweise besiedeln Pilze in harmonischer Symbiose mit Bakterien unser Verdauungssystem. Doch leider werden diese so wichtigen Bakterien durch die Antibiotikabehandlung abgetötet, so dass einer krankhaften Besiedlung des Darmes durch Pilze Tür und Tor geöffnet wird.

Viele von uns wissen nicht, dass es auch »natürliche« Antibiotika gibt. Eines davon ist zum Beispiel Para-Rizol.
Im Rahmen einer von der »Karl und Veronika Carstens Stiftung« geförderten Forschungsarbeit an der Universität Erlangen hat sich Dr. Steidl mit der Entwicklung von Ozoniden (das sind wasserfreie, dickflüssige Öle) aus natürlichen Pflanzenölen gegen pathogene Bakterien, Pilze und Viren, Parasiten und Tumorzellen befasst. Um den vielen Bakterien, Pilz- und Parasitenarten beizukommen, wurde die so genannte Para-Rizol-Rezeptur entwickelt. Das Öl ist oberflächenaktiv und benetzt mit seinen Wirkstoffen die Darmschleimhaut, wo eventuelle Pilz- und Bakteriennester und Parasiten sitzen. Die bisher beste Kombination besteht aus Ozonid-Ölen mit Wermut-, Gewürznelken- und Walnussöl, da diese Substanzen in der Lage sind, das Darmmilieu grundlegend zu reinigen und damit vielen sich unter Sauerstoffmangel vermehrenden Keimen die Existenzgrundlage zu entziehen. Im Gegensatz zur konservativen Therapie mit Antibiotika, die die Darmflora beeinträchtigt, ist bei einer Behandlung mit Rizol diese Wirkung auszuschließen. Die Rezeptur ist etwa drei bis vier Wochen, in schweren Fällen acht bis zehn Wochen einzunehmen. Para-Rizol ist eine Rezeptur, die nach individueller Verordnung in Apotheken hergestellt und auf Rezept abgegeben wird.

Dr. Steidl warnt allerdings vor einer Selbstmedikation, da bei innerlicher Einnahme das Immunsystem durch den Abbauprozess von Pilzen, Bakterien, Parasiten, Viren und Tumorzellen zunächst belastet wird. Eine pauschale Dosierung nach Literaturangaben, Erfahrungen anderer oder Mundpropaganda schlägt wahrscheinlich fehl. Obwohl es sich hier um ein Naturmittel handelt, kann eine Überdosierung im Extremfall eine Notfallbehandlung erforderlich machen, denn die Dosis macht das Gift! Außerdem muss ein erfahrener Therapeut den Verlauf einer Para-Rizol-Kur verfolgen und überprüfen.

Dr. Steidl hat seine Forschungsarbeit in seinem Buch: *»Das Rizolbuch«* aufgeführt. Fachleute oder interessierte Laien können es über seine Adresse (s. Literaturhinweis) beziehen. Der interessierte Leser kann bei ihm auch eine Therapeutenliste anfordern.

Die Diagnose »Darmmykose« ist jedoch nur harmlos im Vergleich zur Blutmykose, die die Ursache vieler chronischer Erkrankungen sein kann. Lassen Sie mich Ihnen ein medizinisches Forschungsergebnis schildern, das ich als sensationell und besonders wichtig empfinde. Der Spezialist für Dunkelfeldmikroskopie und Münchner Heilpraktiker Ekkehard Scheller hat in jahrelanger privater Forschung festgestellt, dass – im Gegensatz zur landläufigen Meinung – der Hefepilz Candida sich in maskierter Form auch im Blut einnistet und als Angreifer auf unser Immunsystem und damit auf unser Leben anzusehen ist.

Es gibt zahlreiche Ärzte, die schon den Gedanken, Candida könne als Darmmykose viele chronische Krankheiten verursachen absurd finden. Und nun soll es sogar Candida im Blut geben? Obwohl doch jeder weiß, dass aufgrund des viel zu alkalischen Blutmilieus Candida dort nicht »gedeihen« kann. Und doch ist es Scheller gelungen, regelrechte Candidanester im

Blut ausfindig zu machen. Sie haben sich dem Milieu angepasst und schützen sich durch eine hauchdünne Membran, ähnlich einer Taucherglocke – unter dem Mikroskop als Bläschen zu sehen. Diese Candidanester werden von diesen Bläschen aus Thrombozyten – das sind Blutplättchen, welche für die Blutgerinnung notwendig sind – und Fibrinfäden für ihre Zwecke regelrecht aufgebaut. Dort produziert der Pilz seine eigene Säure – sein Lebenselixier – ideal dem Blutmilieu angepasst!

Das Gebilde eines Candidanestes im Dunkelfeldmikroskop bezeichnen die Gegner von Schellers Theorie als »Mikrothrombos« und würden den Patienten eher eine Thromboseneigung als eine Blutmykose diagnostizieren. Gegen diese Meinung, dass es sich um Thromben handelt, spricht jedoch die Tatsache, dass diese Gebilde bereits bei zahlreichen Kindern im Blut nachgewiesen werden können. »*Aber gerade bei Kindern finden wir diese großen Thromben oder ›Candidanester‹ und es erscheint als sehr merkwürdig, dass diese vielen Kinder schon unter Thrombose leiden sollten*«, so Scheller.

Auch hier ist die Voraussetzung für eine Auskeimung der Candidapilze im Blut ein geschwächtes Immunsystem. Meist vorausgegangen ist eine Antibiotika- oder Antimykotikatherapie. Oftmals wird als harmloses Mittel »Nystatin« gegen Darmmykose verschrieben, das angeblich nur im Darm wirken soll. Laut Scheller werden aber bei der Abtötung der Pilze Sporen und Keime freigesetzt, welche sich in den Schleimhäuten einlagern, um sie zu durchdringen und nach Monaten bis zu einem halben Jahr später wieder auszukeimen. Obwohl in der Stuhlprobe kein Candidabefall mehr nachweisbar ist, ist der Befall im Blut und somit eine Unzahl an Erkrankungen vorprogrammiert.

Seit zwei Jahren beobachtet Scheller unter dem Mikroskop, dass Candida regelrecht lernfähig ist. Candida bildet tentakelähnliche, lange Fäden, die aus den Candidanestern herauswachsen und sich an die roten Blutkörperchen binden und diese in das Nest ziehen und aussaugen. In der Anfangsphase seiner Entdeckung sah Scheller die Candidabläschen noch sehr selten, dann jedoch immer häufiger. *»Heute sehen wir einen Candidabefall bei ca. 95 Prozent der Patienten mit unterschiedlichsten Erkrankungen.«* Besonders betroffen machen ihn die Blutbilder der Kinder, die immer schlechter werden. Die häufigen Antibiotikagaben und die denaturierte, zuckerreiche Ernährung der Kinder tut ihr Übriges. Er meint: *»Dieses tut mir am meisten weh, weil man es den Kindern noch nicht ansieht, was sich im Blut abspielt. Der Zusammenbruch kommt später. Das Immunsystem der Kinder arbeitet noch auf Hochtouren und verdeckt somit den Befall.«*

Gott sei Dank ist Candidahefe im Dunkelfeldmikroskop sofort sichtbar, wenn das Blut von ihr befallen ist. *»Wir erkennen in einem Tropfen Blut die typischen Candidanester, an deren äußeren Rändern sich oftmals massenhaft kleine Bläschen aufhalten, in deren Inneren viele kleine Keime wimmeln«*, so Scheller.

Durch Veränderung des Körpermilieus können sich die Mikroorganismen, mit denen wir in Symbiose leben, vermehren und sich in parasitäre Formen weiterentwickeln bis hin zum Krebsgeschehen. Scheller hat festgestellt, dass bei jeder Krebserkrankung auch massenhaft Candidanester im Blut vorhanden sind. *»Unserer Meinung nach ist es gerade der Candidabefall, der den Parasiten überhaupt erst den Nährboden bereitet. Wird der Candida im Körper abgebaut, sind merkwürdigerweise die anderen parasitären Formen nicht mehr vorhanden.«*

Auch andere Wissenschaftler sind der Meinung, dass Mikroorganismen eine verhängnisvolle Rolle bei der Entstehung von Krebs spielen. *»So sind 15% der weltweiten Krebserkrankungen auf Viren und Bakterien zurückzuführen, weitere 15% stehen in diesem Verdacht«*, so die Aussage von Steidl, der sich – wie bereits erwähnt – in achtjähriger Forschungsarbeit mit der Entwicklung von Ozoniden aus natürlichen Pflanzenölen gegen pathogene Bakterien, Pilze und Viren, Parasiten und Tumorzellen befasste. Mittlerweile wurde Para-Spezial-N entwickelt, welches bei Karzinomen und Drüsenfieber anzuwenden ist.

Die Idee, dass Parasiten für die Entstehung von Krebs verantwortlich gemacht werden können, wurde schon im 19. Jahrhundert von einigen Medizinern vermutet. Eindeutig beweisen die 30-jährigen medizinischen und mikroskopischen Pionierarbeiten von Dr. Alfons Weber, dass intrazelluläre Parasiten als primäre Krebsursache angesehen werden können. Dr. Weber hat seine Forschungsergebnisse sehr genau dokumentiert. Es ist ihm gelungen, Mikroparasiten, die im Blut und im Krebsgewebe zu finden waren, zu filmen. Doch die Schulmedizin war nicht bereit, Webers Endeckungen zur Kenntnis zu nehmen. Der Journalist und Autor Ernst Wollenberg war fassungslos über die, wie er es nennt, *»bornierte Ignoranz«* der Krebsforschungsgesellschaft. Nachdem er viele Jahre erfolglos um die Anerkennung von Webers Ergebnissen gekämpft hatte, sah er keine andere Möglichkeit, als die Arbeit von Weber in dem Buch *»Krebs-Bankrott«* und einem Film gleichen Titels zu dokumentieren, in der Hoffnung, auf diesem Wege dem mündigen Patienten die Augen zu öffnen. Vor allem dafür zu öffnen, wie groß bzw. wie klein tatsächlich das Interesse der Krebsforscher ist, die Menschheit von der Geißel Krebs zu befreien.

Wollenberg lernte den Arzt Weber 1984 kennen, als er ihn im Auftrage seines damaligen Arbeitgebers, des Deutschen Depeschendienstes ddp-TV Bonn zu seinen Forschungsergebnissen interviewen sollte. Weber zeigte ihm anhand eines einzigen Bluttropfens, welchen er aus Wollenbergs Fingerkuppe entnahm, das Vorhandensein kleinster Mikroparasiten. Obwohl der Objektträger mit dem Blutfilm fünf bis sechs Mal durch eine Spiritusflamme gezogen wurde und das Blut ausgetrocknet und geröstet war, zeigte sich unter dem Mikroskop nach dem Zusatz von steriler Ringerlösung (Salzwasserlösung) sehr bald, wie sich aus den toten Blutkörperchen agile, lebendige kleine Körperchen aktiv bewegten – die Parasiten!

Seine anfängliche Skepsis, dass winzige Blutparasiten, also eine Art Schmarotzer im Blut, für die zur Zeit vierthäufigste Todesart verantwortlich sein sollten, wich bald. Dr. Weber konnte nicht nur ihn, auch seinen damaligen Chef, den Publizisten Bolko Hoffmann durch harte Fakten überzeugen. Überzeugen ließ sich jedoch nicht Prof. Dr. Dr. Harald zur Hausen, der Chef des Deutschen Krebsforschungszentrums in Heidelberg. Er meinte zu dem Weber'schen Blutgebilde: *»Es könne sich auch um Bestandteile körpereigener Zellstrukturen handeln.«* Die Ergebnisse Webers wurden ignoriert und eine Forschung hierzu abgelehnt! Aufgebracht über diese Borniertheit setzte der Kämpfer Bolko Hoffmann vor dem OLG Düsseldorf durch, sagen zu dürfen: *»Wenn Dr. Webers Lehre sich als richtig erweisen sollte, könnte es Leute geben, die sagen, die Borniertheit der Krebsforscher habe mehr Menschen auf dem Gewissen, als während der Zeit des Nationalsozialismus in den KZ umgekommen sind!«*

Das ist eine knallharte Aussage! Ernst Wollenberg sagt in seinem Buch: *»Jede Alternative zur heute herrschenden Krebsme-*

dizin wird ungeprüft als unwissenschaftlich verworfen.« Vielleicht liegt es ja tatsächlich daran, dass die Krebsforschung gar kein Interesse daran haben kann, diese Krankheit auszurotten, lautet seine Vermutung. *»Es wäre ja nicht auszudenken, wenn da jemand ein Wundermittel gegen Krebs entdeckte! Nein, man hat nur geschworen, den Kranken zu helfen, aber Krankheiten zu vernichten, kann nicht der Sinn ärztlicher Bestrebungen sein!«*, so Wollenberg. An anderer Stelle meint er, dass kein Anreiz bestünde, die Krankheit auszurotten. Als Dank dafür drohe den Ärzten dann womöglich Arbeitslosigkeit.

Er beschreibt, wie das anfängliche Feuer der Begeisterung nach dem erfolglosen Kampf gegen eine Mauer des Unverständnisses vonseiten der offiziellen Krebsforschung nach und nach der völligen Resignation wich. Auch Dr. Weber zog sich immer mehr zurück: enttäuscht und verbittert.

Erst als im Jahre 2000 in der Presse berichtet wurde, dass die Schulmedizin prognostiziere, um 2020 sei Krebs bereits Todesursache Nr. 1, erwachte wieder Wollenbergs Kampfgeist. Für ihn bedeutete das im Klartext, *»dass statistisch von jedem Ehepaar ein Partner an Krebs stürbe, von zwei Kindern eines ... und noch immer hätten die Krebsforscher nicht die leiseste Ahnung, was Krebs ursächlich überhaupt ist.«* Von der Sorge um seine Familie getrieben, verließ er den *Schmollwinkel der Resignation*, wie er es nennt. Für ihn war es unfassbar, dass die Ursache der Krebskrankheit seit 35 Jahren entdeckt und doch verheimlicht wird. Er wusste, dass er nur eine Chance hatte! An die Öffentlichkeit zu treten, damit jeder Mensch lesen und sehen kann, wie die Kleinstparasiten sich bewegen, wie sie fressen, wie sie sich fortpflanzen. Dazu hat er einen TV-Film produziert und die Experimente von Dr. Weber mitsamt Anleitung und Rezepturen sowie die Erfahrung anderer Ärzte mit Webers Methode in seinem Buch und in dem gleichnamigen Film *»Krebs-Bankrott«* der Allgemeinheit zur Verfügung gestellt.

Weber hat festgestellt, dass wir uns sehr wahrscheinlich schon als Kinder mit den Blutparasiten infizieren. Wir leben anscheinend alle in einer Art Symbiose mit ihnen – sie ernähren sich in unserem Adernsystem, welches sie nicht verlassen können, und trainieren nebenbei unser Immunsystem, das – wenn es intakt ist – spielend mit ihnen fertig wird. Erst Störungen im normalen Lebenszyklus wie psychische Belastungen (Verlust, Trauer, Stress), Gifte, Strahlung oder andere Umweltbelastungen bewirken den Ausbruch der Mikroben aus dem Adernsystem in das Binde- und Mutterzellgewebe, in dem sich die Kapilarporen erweitern. Die Mikroben dringen in das umgebende Gewebe ein. Die Muttergewebszellen (MGZ) erkennen die Eindringlinge und fressen sie. Sind die MGZ vollgefressen, sind sie hochgradig mit den Fermenten der Parasiten vergiftet. Sie teilen sich. Aus einer Zelle sind zwei geworden und die phagozytierten (einverleibten) Parasiten und ihre Gifte wurden halbiert. Wenn sich die MGZ nicht teilt, geht sie an den parasitären Giften zugrunde. *»Sie frisst dann heldenhaft aber noch so viele Feinde wie nur möglich aus dem sie umgebenden Zwischenzellraum. Die beiden auffallendsten Phänomene des Tumorgeschehens – erhöhte Teilungsfreudigkeit bei gleichzeitiger erhöhter Sterbeaktivität – lassen sich mit dieser Auslegung logisch beschreiben.«* Die Zelle, die hier heldenhaft stirbt und dadurch versucht, den Körper vor weiteren Schäden zu bewahren, wird dann irrtümlich als »bösartige« oder »entartete« Zelle bekämpft. Im Grunde ist sie nichts anderes als ein Opfer der Mikroben!

Wollenberg beschreibt, wie Weber in den Siebziger- und Achtzigerjahren vonseiten der Kollegen und Patienten gedrängt wurde, eine Therapie anzubieten. Doch das brachte ihn in große Schwierigkeiten. Es folgte eine Prozessflut, Praxisschließung und Androhung einer Einweisung in die Landesirrenanstalt Haar bei München. Nach sechs Jahren durfte Weber wieder praktizieren. 1994 starb er an einem Herzversagen in einem Krankenhaus.

Ist das nicht unglaublich! Eine Vorgehensweise wie im Mittelalter! Die Geschichte von Weber erinnert an die von Ignaz Semmelweis, der, um das Sterben der jungen Mütter an Kindbettfieber zu verhindern, seinen Kollegen empfahl, sich die Hände zu waschen, wenn sie nach dem Sezieren der Leichen auf die Entbindungsstation gingen. Er wurde für diese »Anmaßung« von seinen Kollegen verfolgt und ebenfalls ins Irrenhaus gesperrt, wo er schließlich starb. Das war aber so um 1860! Dr. Weber musste ähnliche Erfahrungen über 100 Jahre später machen. Aber nach der Lektüre des Buches von Wollenberg werden Sie feststellen, dass sich offensichtlich wenig verändert hat. Ähnliches passiert anscheinend auf der ganzen Welt.

Auch Dr. Hulda Clark, eine Wissenschaftlerin, die sich mit ihrer Arbeit und ihren Büchern der Bekämpfung von Krebs gewidmet hat, wurde von ihren Kollegen bekämpft. Auch sie ist überzeugt davon, dass Krebs durch Parasiten ausgelöst wird. In ihren Büchern *»Heilung ist möglich«*, *»Heilverfahren aller Krebsarten«* sowie *»Heilverfahren aller fortgeschrittenen Krebserkrankungen«* geht sie ganz gezielt auf diese Problematik ein.

Wie bereits vorher erwähnt, ist es Ziel des Autors Wollenberg, dass sich mit seinem Buch endlich etwas ändert. Er meint:

»Wenn die Menschheit die Geißel Krebs loswerden möchte, dann muss sie schon selbst etwas dagegen tun! Sie muss aufhören, der wahllose, unmündige Patient zu sein, sie muss darum kämpfen, dass ihr Therapiefreiheit gewährt wird. Dazu gehörte, dass auch andere Forschungsansätze als jene der seit 100 Jahren erfolglos gebliebenen Krebsthesen finanziert werden; dass Querdenker nicht länger diskriminiert, verleumdet und verfolgt werden. Wenn die Menschen dies wirklich endlich wollen, dann sollten sie es durchsetzen, notfalls erkämpfen.«

Auch Ekkehard Scheller ist ein solcher »Querdenker«. Ihm genügt ein einziger Blutstropfen, um zu sehen, wie es um unsere Gesundheit bestellt ist. In seinem Buch: *»Schach dem Candida«*, das er zusammen mit Christine Heideklang geschrieben hat, beschreibt er, wie man beim Blick in das Mikroskop in der Regel kleinste Lebenskeime sieht, die wie ein Schneegestöber zwischen den Zellen schwimmen und ständig bemüht sind, Schaden aus dem System zu entfernen. Je dichter das »Schneegestöber«, umso besser funktioniert unser Immunsystem. Fehlen die Lebenskeime, ist die Grundlage dafür geschaffen, dass parasitäre Formen in die roten und weißen Blutkörperchen hineinwandern. Dort ernähren sie sich und geben ihre zellschädigenden Stoffwechselprodukte ab. Die Voraussetzung für Krankheit ist gegeben.

Bereits 1925 entdeckte Prof. Enderlein, dass Mikroorganismen verschiedene Entwicklungsstadien durchlaufen. Dieser Ansatz wurde aber von der Schulmedizin abgelehnt, weil man der Meinung war, dass bestimmte Erreger feststehende Formen sind. Weber beobachtete ähnliche Phänomene wie Enderlein, verwendete dafür aber eine andere Terminologie. Laut Autor Wollenberg sind die heutigen Erkenntnisse von Prof. Enderlein besser nachvollziehbar, da man eine Reihe von Erregern kennt, die anerkanntermaßen sehr verschiedene Entwicklungsstadien durchlaufen, wie z. B. die Malariaerreger. Enderlein entwickelte eine Reihe von Medikamenten mit ähnlicher Wirkungsweise wie der Homöopathie (»Ähnliches werde mit Ähnlichem geheilt«), um dem Körper Heilimpulse zu geben, quasi eine Information für die körpereigene Abwehr. Man beschleunigt also einen natürlichen Prozess, der im gesunden Körper von alleine ablaufen würde. Ziel ist es, die im Blut beobachteten höheren Entwicklungsstadien, die Parasiten, dazu zu bringen, wieder in ihre niedrigen Entwicklungsstadien zu zerfallen.

Und genau auf dieser Methode und als »Schüler Enderleins« hat Scheller seine Therapie zur Behandlung der Blutmykose aufgebaut – und die großen Heilungserfolge geben ihm recht.

Egal, ob es sich um die Behandlung von Blutmykosen, von Mikroorganismen in verschiedenen Entwicklungsstadien oder Blutparasiten handelt, die Therapie ist dieselbe: Das Körpermilieu wird mit natürlichen Substanzen wieder so bereinigt, dass eine friedliche Symbiose zwischen Mensch und Mikroorganismen wieder möglich wird. Auch im Anhang des Buches *»Krebs-Bankrott«* gibt es eine Therapieform, die ohne schädliche Nebenwirkungen auskommt. Am Ende des Kapitels finden Sie unter Klick-Tipp eine Gesundheitshomepage von Thomas Blasig, der als Co-Autor Adressen von Ärzten und Heilpraktikern aufgelistet hat, die derzeit mit diesem Hintergrundwissen arbeiten.

Ist es nicht faszinierend, dass ein einziger Tropfen Blut genügt, um in die »Werkstatt« des Lebens zu schauen? Das müssen Sie sich mal geistig auf der Zunge zergehen lassen: Jeder von uns hat die Möglichkeit, durch einen Tropfen Blut, der schmerzlos aus der Fingerkuppe entnommen wird, einen Blick auf seine Blutfauna zu werfen. Um es mit Wollenbergs Worten zu sagen: *»Ja, die Gefahr, an Krebs zu erkranken, lässt sich aus dem Infektionsgrad des Blutes in den meisten Fällen recht gut ablesen.«*

Gibt es eine einfachere oder kostengünstigere Krebsvorsorge als die, einen Tropfen Blut im Dunkelfeld anzuschauen? Schmerzfrei, ohne Nebenwirkung, kostengünstig.

Stellen Sie sich mal vor, Sie könnten zusammen mit Ihrem Therapeuten oder Arzt eine individuelle Candida- bzw. Krebstherapie entwickeln – oder einfach nur Vorsorge betreiben. Sie könnten Ihren Lebensstil danach ausrichten. Mehr Sport treiben oder einfach den Stress aus Ihrem Leben verbannen oder die eine oder andere Zigarette! Vielleicht das Zuviel an diversen Nahrungsmitteln streichen. Sie könnten mehr Rohkost zu sich nehmen, spezielle Nahrungsergänzungsmittel wie hochdosiertes Vitamin C, Mistelpräparate oder speziell zur Parasitentherapie entwickelte Medikamente oder »natürliche« Antibiotika wie Para-Rizol einsetzen! Alles ohne Nebenwirkungen. Und Sie könnten nach einer Zeit von ca. zwei Monaten wieder einen Blick auf Ihr Blut werfen! Sie nähmen Teil an Ihrem Heilungsprozess und wären nicht nur z.B. der »Magenkrebs von Zimmer 120« in irgendeinem Krankenhaus oder in irgendeiner Patientenakte.

Ich kann Ihnen versichern: Es ist faszinierend, sein eigenes Blut anzuschauen und jede Veränderung des Lebensstils gelingt mühelos, wenn man den Stand der eigenen »Immunität« mit bloßem Auge erkennen kann!

Alles, was dazu benötigt wird, ist ein leistungsfähiges Licht- oder Dunkelfeldmikroskop – für die Betrachtungsweise nach Weber – mit beheizbarem Objektsockel, eine Videokamera und ein Monitor (TV-Gerät).

Ich bin davon überzeugt, dass sich die Krankenkassen ungeheure Kosten sparen könnten! Welches unsagbare Leid würde den Menschen erspart bleiben, wenn sie die vielen chronischen Krankheiten erst gar nicht bekämen oder auf die Behandlung von Krebs mit den bekannten konventionellen Krebstherapien verzichten könnten!

Wie Sie ja schon gesehen haben, erhalten Sie unter den jeweiligen Kapiteln Literaturhinweise. Alle Bücher sind lesenswert. Die Bücher, die mit einem Stern gekennzeichnet sind, möchte ich Ihnen besonders dringend ans Herz legen. Die meisten von uns haben Angst vor Krebs. Diese Bücher werden Ihnen die Angst nehmen und Ihnen zeigen, dass es unendlich viele Möglichkeiten gibt, diese Krankheit erst gar nicht zu bekommen und, wenn doch, nicht an dieser Krankheit zu sterben.

Zusammenfassend kann man sagen, dass unser Immunsystem durch das ständige »Bombardement« mit »falschen« Nahrungsmitteln, Umweltgiften und Stress so belastet ist, dass der menschliche Körper eine ideale Existenzgrundlage für Kleinstlebewesen wie Bakterien, Pilze, Viren und Parasiten aller Art bietet. Sind wir gesund, kann unser Körper mit der Vielzahl dieser Mikroorganismen leben. Leider werden die Zusammenhänge zwischen der Zunahme von Mikroorganismen und vielen chronischen Erkrankungen im Körper von vielen Schulmedizinern nach wie vor als Humbug abgetan.

Ein neuer Blickwinkel

Wir müssen endlich aufhören, uns wie unmündige Patienten behandeln zu lassen!

»Die Irrtümer des Arztes sind mit Erde zugedeckt.«

Polnisches Sprichwort

Literaturtipps:

Lothar Hirneise*: *Chemotherapie heilt Krebs und die Erde ist eine Scheibe*

Zu Nahrungsmittelunverträglichkeiten:

Dr. Anne Calatin: *Die Rotationsdiät*

Dr. med. Sigrid Flade: *Diät für Allergiker*

Zu beziehen über Dr. Flade, Angererstr. 38, D-80796 München, Telefon (0 89) 30 76 52 41, Fax (0 89) 30 76 52 42

Zu Candida und Parasiten:

Dr. Gerhard Steidl: *Das Rizol-Buch*

Zu beziehen über Dr. Steidl, Flurstr. 4, D-90584 Allersberg, Telefon/Fax (0 91 31) 8 52 31 80 oder per e-mail: Gerhard.Steidl@rzmail.uni-erlangen.de

Ernst Wollenberg*: *Krebs-Bankrott*

artv-Wollenberg: *Krebs-Bankrott – der Film*

Zu beziehen über artv-Wollenberg, D-10599 Berlin Postfach 12 10 25,

---

Klick-Tipp:

Gesundheits-Homepage: www.lyprinol.de

Einen Blick über den Tellerrand werfen

Es gibt viele Möglichkeiten, unser Immunsystem zu schädigen. Deshalb lohnt es sich – wie bereits in der Überschrift angedeutet –, einen Blick weit über den bekannten therapeutischen Tellerrand hinaus zu werfen. Wenn Sie schon seit Jahren an Schlaflosigkeit, Allergien, Gelenkschmerzen, Darmerkrankungen oder an einem anderen chronischen Leiden und vor allem an Krebs erkrankt sind, sollten Sie auch einen Blick auf die krank machende Wirkung geopathischer Belastungen werfen.

Als mir meine Naturheilärztin mitteilte, dass sie bei mir eine geopathische Belastung durch eine Wasserader feststellte, dachte ich, ich wäre im falschen Film. Da ich aber ein aufgeschlossener und neugieriger Mensch bin, habe ich mir die entsprechende Literatur besorgt. Erst die eingehende Recherche und das Studium der Lektüre überzeugte mich: Wenn die Umwelt mit allen geopathischen Belastungen (Erdstrahlen, Wasseradern, Elektrosmog) außer Acht gelassen wird, werden alle Versuche, die Leiden der Menschheit zu lindern, ohne Erfolg bleiben.

Bereits 1929 wurde durch die Aufsehen erregende Arbeit des Freiherrn von Pohl festgestellt, dass ein enger Zusammenhang zwischen Erdstrahlen oder Wasseradern und Erkrankungen besonders des Krebses besteht. Er fertigte einen Stadtplan von Vilsbiburg an und markierte alle Häuser, unten denen besonders starke unterirdische Wasserläufe flossen. Freiherr von Pohl hatte weder vorher noch nachher Kenntnisse darüber, ob in den untersuchten Häusern Krebstodesfälle vorgekommen sind. Die Untersuchung wurde streng überwacht von dem damaligen Bürgermeister, von einem Bezirksarzt und einem Obermedizinalrat des Ortes. Nach Durchforsten der Totenscheine konnte festgestellt werden, dass in allen vom Freiherrn von Pohl angekreuzten Häusern Todesfälle durch Krebs registriert wurden. Daraufhin wurden auch in anderen Städten von anderen Ärzten solche Untersuchungen durchgeführt und 1930 jubelte die Fachwelt und vermeldete: *»Das Krebsproblem ist endgültig gelöst.«* Andreas Kopschina, ein bekannter Geopathologe – er wurde mit dem Forschungspreis der »Stiftung Deutscher Heilpraktiker« ausgezeichnet – schreibt in seinem Buch: *»Erdstrahlen, Gefahren erkennen und wirksam bekämpfen«: »Die späteren Jahrzehnte, unterbrochen durch den Krieg, erbrachten Beweis auf Beweis bis zur jüngsten Forschung im Auftrag der Bundesregierung durch die Professoren Betz und König in München und in Österreich durch Bergsmann. Aber was haben die Betroffenen von diesen Erkenntnissen? Nichts, denn die Schulmedizin bestreitet vehement die Wirkung von ›Erdstrahlen‹, die Politiker sind hilflos – es darf weiter gelitten und gestorben werden.«*

Was mich bei Durchsicht der Literatur besonders betroffen gemacht hat, ist die Tatsache, dass man noch nie ein Bett von den daraufhin untersuchten Menschen gefunden hat, in dem ein Mensch an Krebs gestorben ist, das nicht auf einer strahlenbelasteten Stelle gestanden hätte.

Bitte tun Sie dies nicht als Humbug oder Hokuspokus ab, sondern sehen Sie es als Chance an, mit geringen finanziellen Mitteln, die Sie für die Untersuchung Ihres Schlafplatzes durch eine geschulte Person brauchen, ein gesunder Mensch zu werden und zu bleiben. Hier noch einmal Kopschina: *»Wer Erdstrahlen bestreitet, nur weil er noch keine sah, macht es sich zu leicht. Sollte es krank machende Strahlung geben, so gilt es, alles zu tun, um Klarheit zu schaffen. Sollte es Strahlung nicht geben, muss alles Gerede darum durch Beweise und nicht durch Vorurteile beendet werden.«*

Es gibt viele verantwortungsbewusste Ärzte, die die Ursache für chronisch therapieresistente Krankheiten durch standortbedingte Strahlungen sehen und erst einmal ihre Patienten zu einem Geopathologen schicken, bevor sie die Behandlung weiterführen.

Bevor ich heute mit einem Patienten arbeite, kläre ich auch zuerst diese Frage ab, denn alle Therapiemaßnahmen bleiben ohne Erfolg, wenn weiterhin diese Belastung bestehen bleibt. Stellen Sie sich das bitte bildlich vor: Sie gehen abends ins Bett, todmüde, leer, ausgelaugt, wehrlos und wollen durch einen tiefen erholsamen Schlaf wieder Ihre »Batterien« aufladen. Stattdessen prasselt durch unterirdische Verwerfungen oder Wasserführungen entstehende pathogene Energie unaufhörlich auf Ihr ohnehin geschwächtes »Schutzschild«.

Sie können schon im Vorfeld sehr vieles für Ihre Gesundheit tun und folgende Maßnahmen ergreifen:
Lassen Sie sich in Ihr Schlafzimmer einen Netzfreischalter einbauen, damit nachts kein Strom mehr in Ihrem Zimmer fließen kann. Viele haben neben sich oder im Kopfbereich eine Steckdose, aus der unaufhörlich Strom fließt, auch wenn alle Stromquellen ausgeschaltet sind.

Entfernen Sie alle elektrischen Geräte wie Fernseher oder PCs aus Ihrem Schlafzimmer, besonders Radiowecker mit roten Leuchtanzeigen. Von ihnen sollen besonders gefährliche Strahlungen ausgehen!
Schalten Sie abends alle Handys und die schnurlosen Telefone ab. Sie haben sonst Ihre eigenen »Sendemasten« für Elektrosmog in Ihrer Wohnung.

Ärzte, Heilpraktiker, Architekten und Bauingenieure haben sich in einem Berufsverband der Geopathologen zusammengeschlossen, um eine kompetente Plattform zu bieten, von der aus Patienten und Heilberufler seriös informiert werden können. Dort erhalten Sie weitere Informationen und eine Liste mit Geopathologen in Deutschland.

Ein neuer Blickwinkel

Es gibt viele Wege, gesundheitsfördernde Maßnahmen in Ihr Leben einzubauen.

»Gesundheit ist für den Menschen die Grundlage seines Glücks, aus ihr schöpft er seine Kraft.«

Benjamin Disraeli (1804–1881)

Info:
Berufsverband der Geopathologen e. V., Hellweg 5, D-34292 Ahnatal, Telefon (0 56 09) 8 06 56, Fax (0 56 09) 65 78

Phönix aus der Asche

Wie wichtig die vorher gemachten Aussagen sind, nämlich dass das reibungslose Funktionieren unseres Immunsystems von großer Wichtigkeit ist, zeigt die Arbeit des Nobelpreisträgers Dr. Alexis Carrel. Er erbrachte den Beweis, dass die lebendige Zelle auch außerhalb ihres ursprünglichen Lebensumfeldes lange Zeit funktionsfähig bleibt, wenn sie nur den richtigen Nährboden erhält und alle giftigen Substanzen beseitigt werden.
Er bezeichnete unser gesamtes Hormonsystem, welches aus sieben Drüsen besteht, als Rad des Lebens. Dreht es sich geschmeidig und leicht, können seiner Meinung nach keine gesundheitlichen Störungen auftreten. Aus seinen Untersuchungen zog er den Schluss, dass die Zelle unsterblich wäre, würden wir sie nicht ständig mit Umweltgiften, belastenden Nahrungsmitteln und zu viel Säure im Organismus überfrachten.

Stellen Sie sich einmal bildlich vor: Ihr Körper ist ein Megakonzern mit 70 Billionen Mitarbeitern. Die 70 Billionen Mitarbeiter, das sind Ihre Zellen! Ihre Freunde, die für Sie arbeiten. Sie überwachen und regeln die vielen Thermostate in Ihrem Körper. Sie wissen genau, welche Körpertemperatur vorherrschen muss. Sie wissen genau, wie viele Proteine, Hormone und Nährstoffe in die Blutbahn geschickt werden müssen, um eine gesunde Grundeinstellung – die Homöotase – in Ihrem Körper zu gewährleisten. Ihre Freunde regeln Ihren Schlaf-Wach-

Rhythmus, den Appetit, den Durst, die Menge der Verdauungssekrete, den Flüssigkeitspegel. Obwohl täglich Millionen Ihrer Freunde wieder aus dem Konzern Mensch ausscheiden, läuft alles reibungslos ab. Es ist ein ständiger Prozess von Erneuerung und Verfall. Zellen sterben, neue werden gebildet. Sie kommen und gehen und schaffen unseren Körper immer wieder neu. Der Großkonzern Mensch wächst, beendet irgendwann die Jugendphase und steuert langsam über viele Jahrzehnte hindurch zur Reifephase. In all den Jahren ist jede Menge (Stoffwechsel-)Müll und Abfall angefallen, zu oft und zu viel wurden von dem Unternehmen Mensch »Produkte geordert«, oft mit dem Konzept, »Noch mehr von dem selben«, das die 70 Billionen Helfer einfach überforderten und damit vielen chronischen Krankheiten der Grundstein gelegt wird. Ganz zu schweigen von der schweren Chemikalienfracht aus der Umwelt, die fortwährend über Luft, Nahrung sowie durch die Haut aufgenommen und in den Geweben gespeichert werden. Wenn Sie jetzt 50 Jahre alt sind, haben Sie 50 Jahre lang alle diese Dinge in sich angesammelt. Diese Abfall- und Giftstoffe blockieren die Kommunikations- und Versorgungswege – auch die Lager sind voll (Hüfte, Bauch, Oberschenkel etc.).

Der reibungslose Ablauf kommt durch unsere Lebensführung, wissentlich oder unwissentlich, ins Stocken. Das Rad des Lebens läuft unrund. Überlastung, Stress, Alkohol und Zigaretten, falsche Ernährung, mangelnde Bewegung oder zu wenig Schlaf lassen das Lebensrad quietschen wie ein altes, verrostetes Türschloss. Das Denken wird langsam, Vergesslichkeit gehört zur Tagesordnung. Der Selbsterneuerungsmechanismus wird durch Müdigkeit und Energieverlust behindert. Alle Kommunikationswege sind blockiert. Alles geht mühsam, zäh – ein System kurz vor dem Bankrott. Wir altern vor der Zeit.

Wäre es nicht schön, sofort hier und jetzt aus seinen alten Lebensgewohnheiten auszusteigen, sich einer Metamorphose zu unterziehen, sich zu häuten, schön und strahlend und wie neugeboren aus seiner alten Haut zu schlüpfen ... wie Phönix aus der Asche?

Das bedeutet mehr, als das Unternehmen Mensch nur ordentlich abzuschrubben, es mit einer neuen Fassade zu versehen, die Farbe von Grau auf Rot umzustellen. Sich zu häuten hat etwas mit einem Stirb-und-Werde-Prozess zu tun. Ähnlich der Raupe, die erst einmal sterben muss, um dann zu einem Schmetterling zu werden. Das hat mehr mit Erneuerung, Auferstehung und Verwandlung zu tun. Doch jeder Verwandlung oder Metamorphose geht erst einmal die totale Zerstörung voraus, bevor sich Phönix in all seiner Farbenpracht und mit neuem Gefieder, rundum erneuert, in die Lüfte erheben kann. Jede Raupe, die sich zu einem farbenprächtigen Schmetterling entwickelt, wird erst ihre alte Gestalt aufgeben müssen, um eine regelrechte Neugeburt zu erleben. Nicht immer ein schmerzloser Prozess!

Auch der menschliche Körper unterliegt diesem Naturgesetz von Stirb und Werde. Wie bereits erwähnt, ist unser Körper einem ständigen Wandel von Zerstörung und Erneuerung unterworfen. Zellen sterben, Zellen erneuern sich. Unser Körper ist eine geniale Schöpfung der Natur. Er ist mit allen Mechanismen ausgestattet, uns am Leben zu erhalten und neues Leben zu schaffen. Wie Sie ja jetzt wissen, verfügt jeder menschliche Körper über körpereigene Regulationsmechanismen und über Selbstheilungskräfte, welche in der Lage sind, alle Körperfunktionen im Gleichgewicht zu halten oder sie bei Bedarf wieder herzustellen. Und Sie wissen jetzt, dass wir oft sorglos unseren eigenen Regulationsmechanismus sabotieren, indem wir achtlos über die Grundbedürfnisse unseres Körpers hinweggehen.

So wie viele von uns nie auf die Idee kämen, dass unsere täglichen Nahrungsmittel der Grund für viele chronische Erkrankungen sein könnten, so können sich die wenigsten vorstellen, dass das Fehlen eines »simplen« Elementes, welches auch noch im Überfluss vorhanden ist, ebenfalls für viele chronische Erkrankungen verantwortlich sein kann und den Menschen rascher altern lassen kann, als ihm lieb ist: Es ist der chronische Wassermangel! Wasser ist nicht nur zum Löschen von Durst da, nein, es ist das Elixier des Lebens und es ist für das störungsfreie Funktionieren unseres Körpers ebenso wichtig wie für unser Denken und Fühlen. Fehlt es, wird es viele Krankheiten verursachen. Dehydration – der medizinische Fachausdruck für Wassermangel, Wasserentzug, Austrocknung oder Entwässerung des Körpers – ist laut dem Arzt Dr. F. Batmanghelidj der Grund für chronische Krankheiten wie Asthma, Allergien und Lupus (Autoimmunerkrankung). Seine Bücher lesen sich wie Krimis, sodass man sie kaum aus der Hand legen kann. Er versucht verständlich zu machen, dass Schmerzen, die nicht durch Infektionen oder Verletzungen verursacht sind, Wassermangel an dem Ort bedeuten, wo sich der Schmerz zeigt. *»Schmerzen sind Hilfeschreie des Körpers, dass Wasser benötigt wird, um den giftigen Abfall aus dem austrocknenden Gebiet zu entfernen«*, so der Autor.

Der menschliche Körper besteht zu ca. 70% aus Wasser. Wasser ist der Urquell des Lebens. Wir können wochenlang ohne feste Nahrung sein, jedoch nur wenige Tage ohne Wasser. Wasser fördert die Entschlackung, dient als Transport- und Lösungsmittel von Nährstoffen und Abfallprodukten. Es regelt die Funktionen unseres gesamten Körpers. Reguliert unseren Stoffwechsel, Verdauung, Blutdruck und hält unsere Herz-Kreislauf-Funktion aufrecht. Ebenso ist es für unser Gehirn enorm wichtig, welches sogar zu mehr als 90% aus Wasser besteht. Verwirrtheit und Vergesslichkeit sind nach Meinung vieler Attribute des Alters – nein, es können auch Attribute eines ausgetrockneten Körpers sein – und der Alterungsprozess wird rasant beschleunigt.

Das Fatale ist, dass uns der Wassermangel meist erst bewusst wird, wenn wir im Mund eine gewisse Trockenheit spüren. Dann ist es meist schon zu spät und tiefgreifende Schäden im Körper können sich schon manifestiert haben. Der menschliche Körper benötigt ständig Wasser. Er verliert Wasser durch die Lungen beim Ausatmen, beim Schwitzen, bei jedem Gang zur Toilette. Anhand der Farbe unseres Urins lässt sich ablesen, ob unser Körper unter Wassermangel leidet. Ist der Urin farblos, liegt keine Dehydration vor. Bei leicht gelblichem Farbton besteht ein leichter Wassermangel. Je dunkler die Farbe des Urins, desto höher ist der Grad der Austrocknung. Der menschliche Körper braucht mindestens zwei Liter Wasser, um seinen Wasserverlust durch oben genannte Ausscheidungen wieder auszugleichen. Diese zwei Liter Wasser können nicht durch Limo, Tee, Kaffee oder Bier ersetzt werden, nein, es muss reines Wasser sein, so F. Batmanghelidj.

»Chronische zelluläre Dehydration ist sehr schmerzhaft und führt zum frühzeitigen Tod. Die ersten äußeren Anzeichen einer Dehydration wurden bisher als Krankheiten unbekannten Ursprungs betrachtet«, so eine wichtige Aussage seiner Bücher.
Er beschreibt darin sehr eindrucksvoll, wie Bluthochdruck, Kopfschmerzen, Asthma, Allergien, ja sogar Übergewicht entsteht und wie diese durch eine regelmäßige Zufuhr von Wasser beseitigt werden können.

Die Quintessenz seiner jahrelangen Forschung fasst er wie folgt zusammen: *»Krankheiten sind nicht das Ergebnis einer fehlerhaften Zusammensetzung von Stoffwechselregulatoren, sondern Durstsignale des Körpers. Und sie sind daher mit einer einfachen und äußert wirkungsvollen ›Medizin‹ zu behandeln: mit Wasser und nichts weiter als reinem Wasser!«*

Auch in der traditionellen ayurvedischen Medizin spielt Wasser eine wichtige Rolle, um den Körper zu entgiften. Nach der ayurvedischen Lehre ist *ama* eine stoffliche Substanz im Sinne von Schlacken und Giftstoffen, bestehend aus Zellunrat, die bei der Entstehung von Krebs und für den Alterungsprozess verantwortlich sein soll. Ama ist eine weiße, klebrige Masse, die sämtliche Kanäle des Organismus verstopfen kann und nicht nur den Fluss der Lymphe oder des Blutes, sondern auch die Energiebahnen blockiert. Die Folge: Trägheit, Teilnahmslosigkeit, Schwäche, unregelmäßige Ausscheidungsfunktionen, Energie- und Stimmungsschwankungen und, wie gesagt, der Entstehung von vielen Krankheiten, unter anderem auch Krebs, wird Vorschub geleistet. Der indische Ayurveda-Arzt Dr. Deepak Chopra sagt, dass man *ama* sehen kann, und zwar morgens auf der Zunge. Dort ist die klebrige Masse fest verankert und Chopra sagt: *»Wenn es dort klebt, klebt es auch im ganzen Körper.«* Seiner Meinung nach lässt sich die Unausgeglichenheit des Körpers nur sehr schwer behandeln, so lange *ama* im Körper vorhanden ist. Ein wichtiger Teil der Entgiftungsmassnahmen ist die Heißwasser-Trinkkur. Hier ist nicht unbedingt die Menge des getrunkenen Wassers entscheidend, wichtiger ist die Häufigkeit. Alle halbe Stunde sollten drei bis vier Schluck wirklich heißes Wasser getrunken werden. Das Wasser sollte morgens 10 bis 15 Minuten gekocht werden und dann in eine Thermoskanne abgefüllt werden.

Wasser hat aber noch eine andere Bedeutung, die ich Ihnen nicht vorenthalten will.

Mit Wasser und nichts als reinem Wasser befassen sich auch andere Forscher. Doch Wasser hat für sie noch eine andere Bedeutung als nur die Sicherstellung des reibungslosen Funktionierens vieler Körperfunktionen. Sie sprachen dem Wasser neue, spektakuläre Fähigkeiten zu: das so genannte Gedächtnis! Hätten sich nicht so viele Forscher jahrelang mit diesem Thema auseinander gesetzt, müsste man die Ergebnisse direkt in das Reich der Mystik oder der Fabeln verbannen. Ihnen aber, meinen mündigen Lesern, die ja sowieso – auch in ihrem Denken – aus der Rolle fallen, »mute« ich dieses Thema zu. Und Sie entscheiden, ob Sie diese Erkenntnisse für sich nutzen wollen oder ob Sie sie einfach nur zur Kenntnis nehmen wollen.

Die verblüffendste Behauptung – Wasser habe ein Gedächtnis – stammt von einem Japaner: Dr. Masaru Emoto. Er behauptet in unzähligen Versuchen bewiesen zu haben, dass Wasser in der Lage sei, Informationen zu speichern und dass er auch imstande sei, diese Aussage zu beweisen. Mit Hilfe von Fotografien. Seine Aussage, dass sich die Form der Eiskristalle in Abhängigkeit von der Information ändere, mit der man das Wasser konfrontiere, hat er in zahlreichen Fotos dokumentiert. Schlechte Bedingungen und Disharmonie ließen nur unförmige Kristalle zu, wie z. B. aus dem Tokioer Leitungswasser oder aus dem Wasser vom Ganges. Reines Gebirgswasser aus den Alpen zeigt jedoch harmonische Formen von großer Schönheit. Er beschallte Wasser auch mit Musik von Bach bis Chopin und stellte fest, dass sich aus dem so behandelten Wasser wunderschöne Eiskristalle bildeten. Das Wasser, welches zum Beispiel mit Heavy-Metal-Musik beschallt wurde, produzierte hässliche, unförmige

Gebilde. Darauf gründet sich seine Aussage, dass die Kristalle den Charakter der Musik widerspiegelten.

Ich hatte das Glück, Masaru Emoto auf einem Vortrag in Deutschland zu erleben. Mit sensationellen Bildern dokumentierte Emoto, wie Wasser seinen Charakter vollkommen verändert, nachdem es mit den unterschiedlichsten Wörtern wie Frieden, Engel, Heilung bis hin zu Tod und Teufel »geimpft« wurde.

Was mich persönlich sehr beeindruckt hat, waren die Fotos von Eiskristallen, die haargenau der Pflanze glichen, deren Substanz er auf das Wasser übertrug. »So wie die Pflanze, so das Kristall« war für Emoto ein weiterer Beweis, dass Kristalle äußert präzise die Form der Substanz widerspiegeln. Ebenso beeindruckend war die Wasserprobe, welche mit dem kraftvollen und wunderschönen Mantra des großen indischen Meisters Babaji »Om Namah Shivaya« beschallt wurde. Es zeigte im Gegensatz zu den sonst typischen sechseckigen Kristallen ein wunderschönes, leuchtendes siebeneckiges Kristall auf.

Seine an die zehntausend Fotos aus 12 Jahren Forschung in der Kühlkammer sollen beweisen, dass Wasser nicht nur in der Lage ist, Informationen, sondern auch Gefühle und Bewusstsein zu speichern – und sich sogar an Ereignisse zu erinnern. Ein Gedanke, der jedem Physiker sehr wahrscheinlich die Haare zu Berge stehen lässt!

Die Zeitschrift »Wasser & Salz« hat sich in einer ihrer Ausgaben mit der Frage, ob Wasser ein Gedächtnis hat, befasst. Sie berichtet von dem Biologen Dr. Jacques Benvéniste, dessen Forschungen in dieser Richtung ihm Spott und Verhöhnung einbrachten. Er wurde 1998 mit dem Anti-Nobelpreis verhöhnt und als Esoteriker beschimpft, weil er – genauso wie Emoto – behauptete, Wasser habe ein Gedächtnis. Für die Homöopathie ist diese Aussage selbstverständlich, wobei auch diese Heilmethode heute noch von vielen Wissenschaftlern als Humbug abgetan wird. So experimentierte die Biochemikerin Prof. Madeleine Ennis von der Queen's University in Belfast mit homöopathischen Lösungen, um deren Unwirksamkeit zu beweisen. Doch sie wurde eines Besseren belehrt. Vier unabhängige Labors in vier verschiedenen Ländern untersuchten Wasserproben, von denen niemand wusste, welche dieser Proben nun mit homöopathischen Substanzen aufbereitet waren. Alle vier Labors ermittelten die Probe, die homöopathisch wirkte.

Dr. Jacques Benvéniste, der sich durch dieses Forschungsergebnis rehabilitiert sah, arbeitet bereits an seiner nächsten Vision. Er vergleicht Wasser mit einer leeren Audiokassette, die beliebig bespielbar ist. Seiner Meinung nach könnte Wasser auch eine Fernheilung ermöglichen. Löst man ein Medikament in Wasser, nehmen die Wassermoleküle seine Information durch elektromagnetische Wellen auf und senden Signale aus, die der Wirkung des Medikaments entsprechen. Diese Signale könnte man dann sogar per Internet oder Telefon zur Fernheilung versenden. Spinnerei? Dr. Benvéniste versichert, dass er bereits Tausende von Experimenten dieser Art mit großem Erfolg durchgeführt hat, so die Aussage des Artikelverfassers von »Hat Wasser ein Gedächtnis?«.

Ähnliche Erfahrungen mit Heilung über das Wasser hat ein anderer Wissenschaftler notgedrungen gemacht. Dr. Lee Lorenzen, ein anerkannter amerikanischer Biochemiker beschäftigte sich jahrelang mit der Informationsspeicherfähigkeit von

Mikrocluster-Wasser. Er kam auf die Idee, Informationen aufs Wasser zu speichern, als seine Frau todkrank wurde und von keinem Arzt geheilt werden konnte. Als es ihm eines Tages wie eine Eingebung kam, dass der menschliche Körper zu 70% aus Wasser besteht, ging er der Frage nach, ob man das Wasser im Körper nicht austauschen könnte. So begann er für seine Frau Wasser mit besonderen Informationen zu entwickeln. Seine Frau wurde gesund!

Ich schlage Ihnen ein Experiment vor: Machen Sie Ihre eigene »homöopathische« Lösung. Besprechen Sie sich eine Kassette mit all den Dingen, die für Sie wichtig sind. Unterlegen Sie diese mit der Musik von »Om Namah Shivaya«. Füllen Sie gutes Quellwasser in einen Krug und legen Sie unter diesen Krug ein Bild von Ihnen aus »besseren Tagen«. Befestigen Sie – mit Schreibmaschine geschrieben – Wörter wie Gesundheit, oder was Ihnen wichtig ist, an Ihrem Wasserkrug. Beschallen Sie jetzt das Wasser 24 Stunden lang mit den Lautsprecherboxen Ihrer Hi-Fi-Anlage mit der von Ihnen besprochenen Kassette. Wenn Sie sich ein wenig mit Bachblüten auskennen, fügen Sie Ihrem Wasser einige Tropfen der Ihrer Lebenssituation entsprechenden Essenz zu. Alles, was mit dem Thema »Loslassen« zu tun hat, kann Sie dabei unterstützen. Füllen Sie Ihr »Heilwasser« in eine Glasflasche und trinken Sie morgens auf nüchternen Magen ein Glas davon. Wann immer Sie Zeit haben, sollten Sie auch über Kopfhörer Ihre besprochene Kassette anhören. Denken Sie darüber nach, dass nicht nur unser Körper zu 70% aus Wasser besteht. Nein, unser Gehirn besteht sogar zu mehr als 90% aus Wasser. Beschallen Sie Ihre 70 Billionen Freunde mit den richtigen Informationen. Denken Sie daran, was ich Ihnen unter »*Immun gegen Krankheit und Verfall*« erzählt habe! Das wird Ihr Vertrauen stärken.

Vielleicht denken Sie jetzt: »Hä? Und das soll ich glauben?« Probieren Sie es trotzdem aus! Schaden kann es nicht (hoffentlich haben Sie die richtigen Informationen auf die Kassette gesprochen). Ihr Körper wird sich auf jeden Fall freuen, morgens als Erstes ein Glas Wasser zu erhalten. Ob Sie nun an die Wirkung der darin enthaltenden Information glauben oder nicht – es wird Ihnen gut tun.

Die vielen Kristall-Fotos von Emoto haben auf beeindruckende Weise sichtbar gemacht, welch enorme Kraft Wörter und Gedanken haben und dass sie imstande sind, Zerstörung in Heilung umzuwandeln und umgekehrt. Nicht nur die Fotos von Emoto – auch andere wissenschaftliche Arbeiten – liefern klare Beweise, welch starke Wirkung unsere Gedanken auf unsere Gesundheit haben. Jetzt liegt es an uns, in die richtige Richtung zu denken.

Die Aussagen von Emoto und den anderen Forschern haben mich in der Philosophie meines ersten Buches bestätigt und ich denke, wir sollten vorsichtig sein, wie und was wir über uns und unsere Zukunft denken. Gedanken, die lebenserhaltend sind, stabilisieren unsere Persönlichkeit. Alte Vorstellungen und Denkmuster sind zum Sterben verurteilt. Halten wir an alten, düsteren Erwartungen fest, kleben an der Vergangenheit und verhindern damit unsere eigene Zukunft, kann es uns passieren, dass wir eines Tages vor einem Berg aus Schutt und Asche stehen. Vor dem Schutt unserer Vergangenheit. Immer wieder geht ein Lebensabschnitt zu Ende, ob wir es wollen oder nicht. Oft sterben wir innerhalb unseres Lebens, um dann, hoffentlich – wie Phönix aus der Asche – in einen neuen Abschnitt hineingeboren zu werden.

Wie Sie sehen, können Sie Ihren Körper auch mit Ihren Gedanken, mit Ihren Ängsten vergiften. Das Gefühl, wertlos zu sein, keinen Lebenssinn zu haben oder Ressentiments gegen einen früheren Arbeitgeber nicht ablegen zu können, der Sie vielleicht schikaniert oder vorzeitig in den Ruhestand geschickt hat oder Sie einfach aus der Welt der Geschäftigkeit, der Wertigkeit und der Selbstbestätigung »entlassen« hat, werden auch Ihr Innerstes vergiften. Das Allergiftigste sind sicherlich giftige Gedanken und Gefühle. Denn Sie wissen ja jetzt, dass Ihr Körper glaubt, was Sie ihm sagen oder denken.

Gehen Sie auch hier neue Wege.

Ein neuer Blickwinkel

Das Geheimnis der inneren Schönheit, die nach außen strahlt, lautet: inneres Großreinemachen durch Entgiften, Entschlacken und Loslassen.

»Die Gewohnheit ist ein Seil. Wir weben jeden Tag einen Faden, und schließlich können wir es nicht mehr zerreißen.«

Heinrich Mann (1871–1950)

Literaturtipps:

F. Batmanghelidj: *Allergien, Asthma, Lupus, Wasser hilft*

F. Batmanghelidj: *Wasser – die gesunde Lösung. Ein Umlernbuch*

Masaru Emoto: *Wasserkristalle*

Ein Ja(hr) fürs Leben

Jetzt können Sie sich entscheiden: Alles so lassen, wie es immer war? Keinen Millimeter abweichen von eingetretenen Pfaden? Den ewig jammernden Oldie spielen oder sich neu erfinden?

Ich bin jetzt mal so richtig gemein zu Ihnen: Sie brauchen noch nicht einmal mit der Idee zu liebäugeln, die restlichen Jahre als Best Ager zu verbringen, wenn Sie nicht fit sind. Was nützt Ihnen das Herausfinden Ihrer wahren Talente, wenn Sie sie nicht nutzen können, weil Sie sich mehr oder weniger durch den Tag schleppen – sich in der Terminologie der Krankheiten besser auskennen als jeder halbwegs gebildete Heilberufler, weil Sie alle Symptome aus eigener Erfahrung bestens beschreiben können? Sorry, so wird das nichts mit Ihnen und dem Leben als Best Ager! Klar, ich gebe zu, dass die allerwenigsten von sich behaupten können, dass es ihnen wirklich auf Dauer ausgezeichnet geht.
Kein Mensch muss zum Ziel haben, der Beste, Schönste und Schlankste zu werden. Denn es gibt immer jemanden, der noch besser, noch schöner und noch schlanker ist als man selbst. Nein, das muss nicht Ihr Ziel sein.

Würden Sie jetzt dem Impuls Ihres inneren Schweinehundes (sofern Sie einen haben) nachgeben und das Buch zuklappen, bliebe mir nichts anderes übrig, als mich von Ihnen mit einem Satz von Günter Grünwald zu verabschieden: »Bleiben Sie, wie Sie sind, es bleibt Ihnen eh nichts anderes übrig.«

Günter Grünwald ist ein begnadeter Kabarettist aus Ingolstadt. Als ich diesen Satz von ihm zum ersten Mal hörte, musste ich erst einmal herzlich lachen. Der Satz – wie lustig er auch ausgesprochen wurde – wirkte trotzdem in mir nach. Irgendwie hat er Recht, dachte ich mir. Dieser Satz nimmt das Verhalten vieler Menschen aufs Korn; Persiflage ist eine Spezialität von Grünwald, der dabei perfekt und doch liebevoll die Rolle des Advocatus Diaboli bei seinen Zuhörern spielt.

Der Satz: *»Bleiben Sie, wie Sie sind, es bleibt Ihnen eh nichts anderes übrig«* löst erst einmal Lachen, dann Nachdenklichkeit und dann vielleicht auch eine emotionale Betroffenheit bei den Menschen aus, die ahnen, dass sie »so wie sie sind« nicht glücklich sind, es aber nicht schaffen, etwas zu verändern. Das ist eine zutiefst menschliche Eigenschaft: nur nicht in die Tiefe gehen. Nur nichts verändern! Never touch a running system! Sonst laufen die Dinge aus dem Ruder, denken wir. Und haben wir es uns nicht bequem eingerichtet in unserem Leben? O.k., o.k., es läuft nicht immer alles rund, aber das ist noch lange kein Grund, Altbewährtes hinzuschmeißen!

Wir leben in festgelegten Strukturen. Wir sind eingefahren auf unsere Programme. Diese Beibehaltung eines gewohnten Lebensstils und ein geregelter Ablauf unserer Tage und Wochen und Jahre gibt uns einerseits Stabilität, andererseits führt es aber auch zu Stagnation. Was würde passieren, wenn wir diesen Kreislauf, diese Routine unterbrechen würden? Einmal aussteigen aus den alten Gewohnheiten? Nur für ein Jahr! 365 Tage lang nur den Fokus auf die eigene Gesundheit richten! Ein Jahr fürs Leben! Ein Sabbatjahr für den Körper!

Das Sabbatjahr ist ursprünglich ein Begriff aus dem Alten Testament: Es beschreibt das siebte Jahr, in dem der Acker brachliegen sollte, damit der Boden sich regenerieren kann. Nach dem Sabbatjahr wird wieder eine bessere Ernte erwartet. »*Sechs Jahre sollst du dein Feld besäen und sechs Jahre deinen Weinberg beschneiden und die Früchte einsammeln. Aber im siebten Jahr soll das Land dem Herrn einen feierlichen Sabbat halten. Da sollst du dein Land nicht besäen und auch deinen Weinberg nicht bearbeiten*«, so steht es im dritten Buch Moses.

Wie viele Jahre schon haben Sie achtlos alles in sich hineingefuttert? Wie lange haben Sie Ihre Kuschelecke nicht mehr verlassen? Wie lange quälen Sie sich schon mit einer unzufriedenen Lebenssituation herum? Wie lange suchen Sie schon nach dem Sinn des Lebens? Mehr als sechs Jahre? Vielleicht schon 30, 40, 50 Jahre oder noch länger? Dann wird es Zeit für eine Auszeit. Ein einziges Jahr, zwölf Monate, 365 Tage, an denen Sie nicht unbedingt die Dinge tun, die Sie sonst immer tun und die Sie auf Ihrem Weg zu einem Best Ager behindern.

Wer sich eine Auszeit von schlechten Gewohnheiten nimmt, indem er seinen Körper für eine gewisse Zeit von gesundheitsschädlichen Einflüssen befreit, wird nicht nur seinen Körper verändern, sondern auch sein Bewusstsein. Vitalität, Kreativität und Energie wird Müdigkeit, Selbstzweifel und Antriebslosigkeit verbannen. Den Acker brachliegen lassen, damit der Boden sich regenerieren kann, so lautet die Botschaft aus der Bibel. Übertragen auf unseren Körper, lautet dann die Botschaft: *Gut erholt und mit neuem Schwung in das zweite Leben starten.* Was ist schon ein Jahr, wenn wir noch 10, 30 oder 50 Jahre vor uns haben? In diesem einen Jahr kann sich alles verändern. Ihr ganzes zukünftiges Leben. Dieses Jahr kann bedeuten: Einfluss nehmen auf sich selbst! Sich neu erschaffen. Sein eigenes Leben revolutionieren. Immun gegen Krankheit und Verfall werden, um dann wie Phönix aus der Asche zu steigen!

Stehen damit nicht alle Zeichen auf Grün, um eine Legende hinterlassen zu können? (Wir kommen noch darauf, was genau damit gemeint ist.) Wollen Sie? Sie brauchen eine Anleitung dazu? Genau die bekommen Sie!

Also, wie vorgehen? Was gilt es als Erstes zu verändern? Die Ernährung! Welcher Ernährungsweise soll ich nun den Vorzug geben? Das ist nicht leicht. Ständig werden wir von einer Flut von neuen Ernährungsprogrammen bombardiert, die häufig auch gegen das Altern helfen sollen. *»Auf keinen Fall zu viel Brot essen«*, heißt es hier. *»Eiweiß und Kohlenhydrate sorgsam trennen«*, heißt es dort. *»Fünf Obstmahlzeiten pro Tag sind ein Muss!« »Essen Sie entsprechend Ihrer Blutgruppe«*, fordert Sie ein anderes Ernährungsprogramm auf. *»Essen Sie morgens nichts, sonst unterbrechen Sie den natürlichen Entschlackungsprozess Ihres Körpers«*, lautet es aus einer anderen Ecke. Und genau umgekehrt: *»Essen Sie in der ersten halben Stunde nach dem Aufstehen, sonst kommt Ihr Stoffwechsel nicht richtig in Schwung.«* Ganz unbestritten, jedes Programm hat etwas für sich. Doch niemand hält sich lange an komplizierte und aufwändige Regeln. Außerdem gibt es kaum Beweise dafür, dass eine Methode der anderen überlegen ist.

Jahr für Jahr stürzen sich Tausende von Menschen im Frühjahr für eine oder zwei Wochen auf das Heilfasten. Die Aussicht, innerhalb einer Woche oder in 14 Tagen mal schnell ein paar überflüssige Pfunde zu verlieren und dabei auch noch etwas für die Gesundheit und gegen das schlechte Gewissen zu tun, spornt an, diese Zeit durchzuhalten. Ich gehörte auch dazu! Keine Frage, dass Fasten eine grundlegende und tief greifende Reinigung des Körpers bewirkt. Heute bemühe ich mich, die Vorteile des Fastens nicht nur während einer isolierten Zeitspanne zu nutzen. Das Fasten mit all seinen Vorteilen sollte selbstverständlich zum Alltag dazugehören. Zumindest für mich tut es das.

Eine gesicherte Methode, um Krankheit, Altern und Verfall aufzuhalten, ist einfach: weniger zu essen! *»Fasten für ein langes Leben«* lautet die Devise oder: *»Nahrungseinschränkung weckt die Lebensgeister«* – das bekräftigten einhellig US-Forscher 1999 auf ihrer 151. Jahrestagung im kalifornischen Anaheim. *»›Die ewige Jugend‹ kommt allein durch Verzicht und lässt sich mit Pillen nicht erkaufen. Das gilt für den Menschen ebenso wie im Tierreich. Je magerer die Ernährung, desto länger und gesünder lebt man – echte Mangelernährung ausgeschlossen«*, so Prof. Roy Walford. Was von Mäusen, Affen und Ratten bereits bekannt war, versuchte er anhand der Daten von acht Teilnehmern der experimentellen »Biosphere 2« zu beweisen.

Die Studie sei ein wichtiger wissenschaftlicher Nachweis dafür, dass es auch Menschen hilft, wenn Schmalhans ihr Küchenmeister ist, so Walford. Die Bionauten, darunter Walford selbst, lebten zwei Jahre lang von der Außenwelt isoliert unter der berühmten Glasglocke bei Tuscon (Arizona). Zu essen gab es nur, was sie selbst anpflanzten. Ihr Speiseplan bestand aus frischem Gemüse, Früchten und Körnern, hin und wieder einem Ei oder selbst gemolkener Ziegenmilch. Trotz harter körperlicher Arbeit gab es durchschnittlich nur karge 1.800 Kalorien pro Tag. *»Wir waren immer etwas hungrig«*, räumte der Mediziner ein. Regelmäßige Untersuchungen von Cholesterin und Blutfetten zeigten Traumwerte an und die Risikofaktoren für Diabetes verringerten sich um 30 Prozent.

James Nelson von der Universität Texas in San Antonio konnte die Aussage von Walford nur bestätigen – es entsprach genau dem, was andere Forscher schon bei Tieren beobachtet hatten. Je weniger Nager und Affen zu essen bekommen, desto seltener erkranken sie an Krebs, Autoimmunkrankheiten und Diabetes und desto seltener kommt ein Herzversagen vor. Gleichzeitig wächst ihre Lebenserwartung, was eine Studie an Mäusen zeigte. Der lebensverlängernde Effekt nimmt parallel zum Hunger zu, erläuterte Walford.

Das Geheimnis eines langen Lebens klingt banal: eine ausgewogene, nährstoffreiche und fettarme Vollwertkost mit viel Gemüse, Obst, Vollkornprodukten, Fisch und wenig Fleisch. Wenn Sie das Buch »Die 3-D-Diät« von Karl Lagerfeld lesen, werden Sie feststellen, dass er sich genau nach diesen Richtlinien ernährt und dabei abgenommen hat.

Es gibt für das tägliche »Fasten« auch eine Menge unterschiedlicher Formen. Entweder isst man prinzipiell wenig – was mir persönlich am schwersten fällt – oder man reduziert seine Nahrungsaufnahme auf zwei Mahlzeiten. Dinner-Cancelling heißt das Zauberwort und bedeutet nichts anderes, als eine Mahlzeit zu streichen. Sie können selbst entscheiden, ob Sie lieber morgens nichts essen und dafür abends. Oder umgekehrt. Eine Schwester von mir, die abends häufig eingeladen ist, hat ihr Dinner-Cancelling auf die Mittagszeit gelegt. Eine Freundin hingegen isst mittags die letzte Mahlzeit und nur in seltenen Fällen abends noch eine Kleinigkeit. Egal, ob jetzt morgens, mittags oder abends das Dinner-Cancelling praktiziert wird – beide sehen blendend aus und sind überschäumend vor Energie. Sie erleben die Vorteile des Fastens und doch ist für sie kein Tag ohne Essen.

Bitte sehen Sie dieses Teilfasten nicht als bloße Gewichtsreduktion an, nein, es ist viel mehr. Fasten ist ein Heilmittel, um Krankheiten zu verhindern, unter anderem durch Apoptose (Zellselbstmord) der Krebszellen, Stärkung der Immunabwehr und dadurch, dass weniger freie Radikale entstehen können, die das rasche Altern verursachen sollen. Ihr Körper startet mit diesem neuen Konzept total durch. Außerdem: Wer zu zwei Mahlzeiten ordentlich isst, gewöhnt sich bald daran, dass der Körper bis zur nächsten Mahlzeit keine quälenden Hungersignale mehr sendet.

Ihr nächster Schritt zu Ihrem Plan – Ein Jahr fürs Leben – führt Sie zur Beantwortung folgender Fragen:

Wenn es Ihr Ziel wäre, Ihre Gesundheit auf eine solide Basis zu stellen, welche Maßnahmen müssten Sie durchführen – die Sie jetzt nicht durchführen –, die bei regelmäßiger Anwendung einen riesigen Unterschied zu Ihrem vorherigen Zustand ausmachen würden?

Bitte notieren Sie sich diese Maßnahme hier auf diesen Linien.

____

____

Wenn es Ihr Ziel wäre, ein gesundes Körpergewicht zu erreichen (falls Sie das nicht schon haben!), welche Maßnahmen müssten Sie durchführen – die Sie jetzt nicht durchführen –, die bei regelmäßiger Anwendung einen riesigen Unterschied zu Ihrem jetzigen Gewicht und Aussehen ausmachen würden?

____

____

Stellen Sie sich diese Frage: »Welche Maßnahmen müssen Sie durchführen ...?« bei allen folgenden Punkten immer wieder: (Falls Sie sich nicht mehr genau erinnern, um was es sich bei den einzelnen Punkten handelt, gehen Sie im Text zurück und überfliegen Sie die einzelnen Punkte noch einmal.)

Was müssten Sie »opfern«, um einen Quantensprung zu wagen?

____

____

Was müssten Sie tun, um Ihr Leben zu revolutionieren?

____

____

Welche erste Maßnahme müssten Sie durchführen, um sich wie Phönix aus der Asche zu erheben?

____

____

Wie müssten Sie denken, um immun gegen Krankheit und Verfall zu werden?

____

____

Welche Verhaltensmuster müssten Sie hinterfragen und ändern?

____

____

Wie lauten die Antworten?

Könnten Sie sich vorstellen, die eine oder andere Maßnahme, die Sie ein ganzes Stück vorwärts bringen würde, ein Jahr lang durchzuführen? Es muss nicht alles auf einmal sein! Aber so peu à peu ...

Was halten Sie von der Idee, einmal auf einem Blatt Papier all Ihre »Gebrechen« aufzuschreiben? Halt alles, was Sie zurzeit körperlich plagt, zum Beispiel Kopfschmerzen, ständige Müdigkeit, Verstopfung, Sodbrennen etc. Auch Ihren psychischen Zustand könnten Sie notieren, ob Sie öfters depressiv sind, grundlos gereizt sind oder welche Ängste Sie sonst plagen. Legen Sie dieses Blatt, zusammen mit einer Kopie dieser Seiten, auf denen Sie alle Fragen beantwortet haben, in einen Briefumschlag, fügen Sie ein Foto jüngeren Datums hinzu und verschließen Sie ihn, nachdem Sie ihn mit einem Datum versehen haben. Dieses Datum ist Ihre »Deadline«, die Sie nicht übertreten dürfen. Das heißt, an diesem Tag starten Sie Ihr *Jahr fürs Leben.* Geben Sie diesen Brief einer vertrauten Person zur Aufbewahrung. Dieser »offizielle Akt« wird Sie zwingen, in die Gänge zu kommen, ernst zu machen und richtig anzufangen. Öffnen Sie diesen Brief erst wieder in einem Jahr. *Nachdem* Sie Ihr *Jahr fürs Leben* absolviert haben.

Obwohl ich Sie zum Handeln auffordere, fordere ich Sie auch auf: Gehen Sie die Angelegenheit locker an und seien Sie flexibel. Machen Sie sich einen Spaß daraus! Was an einem Tag nicht geht, geht am nächsten. Freuen Sie sich an den ständigen Veränderungen. Was Sie heute noch träge und leer sein lässt, kann Sie morgen lustvoll stimmen.
Alles braucht seine Zeit. Auch bis der menschliche Körper der Weisheit der Selbstregulation folgt. Alles wird sich ändern, auch die Stimmung und Ihre Gefühle.

Vielleicht stellen Sie in diesem Jahr fest, dass Ihr Körper zum ersten Mal seit langer Zeit wieder ohne Hindernisse arbeitet. Ihr Verstand, Ihr Denken, Ihre Träume, Ihre Zukunftspläne ändern sich grundlegend in einer Art und Weise, wie Sie es nie für möglich gehalten hätten. Sie werden erleben, dass dieses Jahr der Schlüssel zu einem besseren Leben ist. Sie werden ganz neue Seiten an sich erleben und auch feststellen, dass sich Ihre Wirkung auf andere Menschen verändert.
Dies kann bis zu einer Art Neugeburt Ihrer Persönlichkeit gehen.

Und wenn Sie nach einem Jahr diesen Umschlag öffnen und feststellen, dass Sie auf dem Foto, welches Sie vor einem Jahr hineingelegt haben, besser aussehen als jetzt – dann wünsche ich Ihnen von ganzem Herzen, dass Sie nicht aufgeben, denn der Satz von Günter Grünwald: »*Bleiben Sie, wie Sie sind, denn es bleibt Ihnen eh nichts anderes übrig«* sollte sich für Sie nicht bewahrheiten. Lesen Sie dieses Kapitel noch einmal durch und fangen Sie wieder an.

Ein neuer Blickwinkel

Ein Jahr für Sie selbst!
Für ein neues Leben. Die pure Faszination.

»Sage nicht, wenn ich Zeit dazu habe,
vielleicht hast du nie Zeit dazu.
Wenn nicht jetzt – wann dann?«

Text aus dem Talmud

Literaturtipps:
Dr. John H. Tilden: *Mit Toxämie fangen alle Krankheiten an*
Prof. Arnold Ehret: *Vom kranken zum gesunden Menschen durch Fasten*
Karl Lagerfeld, Jean-Claude Houdret: *Die-3-D-Diät*

TEIL 3

Einsteigen

Eine Legende hinterlassen

Im ersten Drittel des Buches habe ich Ihnen gezeigt, wie viel Krankheit und Leid entstehen kann, wenn der Mensch seinen Lebenssinn nicht gefunden hat. Wenn wir eine Aufgabe im Leben haben, die uns wirklich ausfüllt, definieren wir uns überwiegend über diese Tätigkeit. Diese Tätigkeit gibt uns unsere Identität. Wir identifizieren uns sozusagen mit ihr.

Zu unserem Namen, der angibt, wer wir sind, gehört auch, was wir sind. Es wird immer Situationen im Leben geben, wo wir das Gefühl haben, diese Identität verloren zu haben. Mir ging es so, nachdem ich meine Stelle als Assistentin der Betriebsleitung aufgegeben hatte. Meine Freunde und Familienangehörige riefen des Öfteren an, um sich zu erkundigen, wie es mir denn nun so ginge, ohne Arbeit. Mein Antwort: *»Oh, ganz gut«*, war ihnen zu wenig. *»Ja, aber du musst doch irgendetwas tun, nur Haushalt und Garten, das kann's doch nicht sein.«* Diese Fragerei – manchmal in mitleidigem, manchmal in leicht vorwurfsvollem Ton – hat mich manchmal ganz schön genervt. Ich kann jetzt gut nachvollziehen, warum sich so manche Hausfrau und Mutter zu der Aussage hinreißen lässt: *»Oh, ich bin nur Hausfrau!«* und sich damit abwertet. Hätte ich ihnen sagen sollen: *»Ach, ich denke bloß darüber nach, wer ich eigentlich bin?«* und dass ich auf der Suche sei, meine Identität, ja meinen Lebenssinn neu zu definieren? Nein, denn sie hätten mich nun für total verrückt erklärt. Schlimm genug war ja eh schon in ihren Augen, dass ich eine »todsichere« (erkennen Sie den

makaberen Doppelsinn des Wortes?) Arbeitsstelle aufgegeben habe. Ich wollte auch niemandem sagen, dass ich angefangen hatte, ein Buch zu schreiben, um nicht ständig nach dem Stand der Dinge gefragt zu werden.
Die Zeiten waren endgültig vorbei, in der ich meine Identität über meinen Beruf definierte: »Ich bin Sekretärin bzw. Assistentin.«

Und das ist meine Frage an Sie – jetzt und hier: Wer sind Sie, wenn Sie nicht mehr sagen können: *»Ich bin Ingenieur bei einem großen Bauunternehmen?«* oder *»Ich bin Lehrerin für Mathematik am hiesigen Gymnasium«* oder *»Ich bin Mutter und Hausfrau«*. Wer sind Sie, wenn Sie keine Häuser mehr bauen? Wer sind Sie, wenn Sie nicht mehr unterrichten oder keine Kinder mehr erziehen? Ende einer Ära? Das Ende des aktiven Lebens? Der Beginn einer *»öden langen Restzeit«*, die 20 oder 30 Jahre dauert, um noch einmal Monika Maron zu zitieren? Oder fühlen Sie sich sogar komplett »am Ende«? Nein! Es ist lediglich das Ende einer Zeit, in der Sie sich über Ihre Berufsbezeichnung definiert haben. Jetzt ist es an der Zeit, sich über Ihre Talente und Interessen zu definieren. *»Ich bin ein Mensch, der dieses oder jenes tut.«*

Ich bin die, die Sie zu einem Best Ager machen will, indem Sie Ihre wahre Identität finden und sich darauf ein neues Lebenskonzept aufbauen! Das ist *meine* Identität und sie beinhaltet auch gleichzeitig meinen Lebenssinn! Eine andere sagt vielleicht: *»Ich bin Kosmetikerin in eignem Studio und spritze Falten weg.«* Es ist ihre Berufung und sie ist erfüllt von ihrer Tätigkeit, anderen Menschen zu einem besseren Selbstwertgefühl zu verhelfen. Vielleicht sagen Sie*: »Ich bin der Spezialist für Umweltfragen und engagiere mich für den Erhalt der Weltmee-*

re.« Es gibt Ihnen ein befriedigendes Gefühl, durch Ihr Engagement diese Welt ein bisschen gesünder zu gestalten. Mahatma Gandhi nannte nicht seinen Namen, wenn er sich vorstellte, er sagte: *»Ich bin derjenige, der Indien gewaltlos befreien wird.«*

Wenn wir unsere Identität und unseren Lebenssinn so wie Gandhi in einem Satz formulieren können, dann haben wir vermutlich ein befriedigendes Modell für eine ganzheitliche Lebensgestaltung gefunden. Was man als Quintessenz eines reichen Lebens bezeichnen kann.

Ihnen diese Quintessenz zu vermitteln, ist eines meiner Lebensziele. Sie bekommen sozusagen eine neue Visitenkarte, auf der Ihre neue Identität und Ihr Lebenssinn stehen. Und niemand geht aus meiner Beratung oder meinen Seminaren, ohne dass er die Visitenkarte seines Lebens neu geschrieben hätte. Eine Visitenkarte mit neuem Layout! Denn die alte Visitenkarte hat keine Gültigkeit mehr. Schauen Sie sich eine fremde Visitenkarte einmal an. Sie verrät in der Regel noch nicht einmal genau, was die Person eigentlich tut. Auf Ihrer neuen Visitenkarte sind beide Seiten bedruckt! Die Vorderseite zeigt nach wie vor, was man sich landläufig unter Identität vorstellt, also *Wer Sie sind,* und die Rückseite zeigt Ihre Berufung, Ihren Lebenssinn, der sich aus Ihren Interessen und Talenten herauskristallisiert hat. Die Rückseite zeigt, *was Sie tun*!
Das sollte die Visitenkarte der Zukunft sein. Die Visitenkarte für Best Ager!

Stephen R. Covey, Unternehmensberater und Psychologe hat einen Grundgedanken formuliert, den ich Ihnen nicht vorenthalten will. Er hat die vier großen L's geprägt. **Leben, lieben, lernen, eine Legende hinterlassen.**

Die großen Berühmtheiten unserer Zeit wie Mahatma Gandhi, Albert Einstein, Samuel Hahnemann oder Mutter Theresa haben mit Leidenschaft gelebt und haben die Dinge getan, die auch gleichzeitig ihr Lebenssinn waren. Ich bin sicher, dass alle große Persönlichkeiten ihre Zeit zu 90% mit den Dingen ausgefüllt haben, die sie liebten, und sie hatten sicher eines gemeinsam: Sie sind ihrer Berufung gefolgt. Das Lebenswerk dieser Menschen hat sie unsterblich gemacht. Sie sind zu Legenden geworden.

Nicht jeder von uns schafft es, in die Analen der Geschichte einzugehen. Wir müssen keine Gandhis, keine Einsteins und keine Mutter Theresa werden, um eine Legende zu hinterlassen. Viele Menschen, egal welcher Herkunft, haben es geschafft, in ihren Familien – ohne berühmt geworden zu sein – ihren positiven Einfluss über ihren Tod hinaus aufrechtzuerhalten und den nachfolgenden Generationen ein Vorbild zu bleiben.

Was sollen die Menschen, die Sie kennen, über Sie und über Ihr Schaffen sagen? Sie entscheiden, welches Erbe Sie hinterlassen – ob nun positiv oder negativ –, denn Sie hinterlassen immer ein Erbe! Egal, ob man nun Kosmetikerin, Umweltschützer oder Autorin ist, alle wollen doch durch ihre Arbeit ein Stück dazu beitragen, dass diese Welt ein besserer Ort wird.

Ob Sie nun eine Legende hinterlassen oder nicht, eines sollten die Menschen, die Sie zurücklassen, auf jeden Fall über Sie sagen: *»Sie/er hat ein erfülltes, sinnvolles und reiches Leben gelebt!«*

Ein neuer Blickwinkel

Sie müssen keinen großen Persönlichkeiten nacheifern.
Lassen Sie Ihren eigenen Glanz erstrahlen,
indem Sie Ihre Identität finden und leben.

»Das ganze Leben ist ein ewiges Wiederanfangen.«

Hugo von Hofmannsthal (1874–1929)

Gesundheit durch Eigensinn

Wenn eine Phase des Überdenkens von neuen Lebenszielen ansteht und Sie mit neuen Herausforderungen konfrontiert werden, ist es wichtig, dass Sie sich auf die Grundqualitäten Ihres Lebens abstützen können – und das ist Ihre körperliche Gesundheit. Darauf müssen Sie sich verlassen können. Das Thema haben wir ja bereits abgeklärt. Da wir aber nicht nur aus Psyche und Körper, sondern auch aus Seele bestehen, geht es nun um Ihre »innere Gesundheit«. Jetzt ist nichts wichtiger, als dass Sie sich mit Ihrem Leben und Ihrem inneren persönlichen Wachstum auseinander setzen und sich durch nichts und niemanden in Ihren Grundfesten erschüttern lassen. Jetzt heißt es, neue Wege zu gehen und sich zu fragen, wer Sie als Individuum sind und wie Sie dies im Leben zum Ausdruck bringen wollen und können. Vielleicht – warum hätten Sie sonst das Buch in der Hand? – werden Sie durch Ihre jetzige Lebenssituation oder durch Personen in Ihrer Umgebung aufgefordert, sich umwälzenden Neuerungen zu stellen. Wenn sich ein Partner, ob privat oder beruflich, neu orientiert – ohne Sie mit einzubeziehen –, entzieht er Ihnen damit Ihre bisherige Sicherheit; oder Ihre Kinder gehen jetzt eigene Wege, was Sie dazu veranlasst, grundlegende Veränderungen vorzunehmen. So unliebsam solche Veränderungen auch sein mögen, es wäre sinnlos, sich dagegen aufzulehnen.

Ihre Situation kann sich aber auch ganz anders darstellen. *Sie* wollen sich neu orientieren und Ihr Partner oder Ihre Kinder stellen sich Ihren neuen Lebensplänen in den Weg. Dann heißt es selbstbewusst, ja eigensinnig zu sein und unbeirrbar den eigenen Lebens-Sinn zu verfolgen.

»*Wer den Eigensinn pflegt, wird in sich, in der Welt und in Beziehungen einen Sinn sehen. Wenn Sie Ihren eigenen Weg nicht gehen, obwohl Ihnen der Sinn danach steht, dann passiert etwas viel Schlimmeres: Sie riskieren Ihr Leben, Ihr Glück, Ihre Freude, Ihren Lebenssinn*«, so lautet die Aussage von Jürgen Stepien, der als Psycho-Onkologe an einer Nachsorgeklinik für Krebskranke arbeitet. *Gesundheit durch Eigensinn* ist der Titel eines Vortrages von ihm, der in der Sendereihe »Focus« des Österreichischen Rundfunks ausgestrahlt wurde. Der Moderator nannte ihn eine Art Geburtshelfer, der sozusagen anderen nach schwerer Krankheit dabei hilft, in ein neues Leben zu gehen, um als der Mensch geboren zu werden, als der man gemeint ist.

Ich glaube, der Satz von Angelus Silesius, einem Dichter des 17. Jahrhunderts, gibt wunderbar wieder, was damit gemeint ist:

> »In jedem steht ein *Bild*, des, was er werden soll,
> solange er das nicht ist, ist nicht sein *Friede* voll.«

Wenn einer an der falschen Stelle steht – in diesem Lebensbild –, dann leben wir oft nicht das Leben, das wir für unser eigenes halten. Wir tanzen nicht nach der eigenen Lebens-Melodie, sondern nach der Musik anderer. Wir können nur ins eigene Leben sehen, wenn unser Blick auf unser Lebensbild frei ist, wenn die Personen, die uns umgeben, in harmonischer Beziehung zu uns stehen und nicht *vor* uns stehen – und uns damit die Sicht versperren. Wenn der Partner neben Ihnen steht, die Eltern hinter Ihnen stehen und die Kinder zu Ihren Füßen, dann ist der Blick frei, so Stepien.

Weiter meint er, dass die Natur uns mit fünf Sinnesorganen ausgestattet hat – sehen, hören, riechen, tasten, schmecken –, um uns mit der Welt in Kontakt zu bringen; nicht zu vergessen unseren sechsten Sinn, der uns mit etwas »Höherem« in Kontakt bringt. Und – wir haben einen siebten Sinn: den Eigensinn! Eigensinn ist für Stepien ein Sinnesorgan, welches in die Seele hineinragt und uns das Eigene erspüren lässt. Er sieht es als eine Sinnesangelegenheit an, sich selbst wahrzunehmen, sich selbst zu spüren. Leben wir ihn nicht – den Eigensinn –, kann es uns krank machen und wenn nicht das, dann macht es uns ganz sicher unglücklich! Wenn wir den Eigensinn pflegen, wenn wir durch ihn mit unserer Seele gut in Kontakt sind, kommen wir in unsere eigene Kraft – auch bei dem, was wir tun müssen, was unsere Pflicht ist, schwingt dann die Freude mit.

Ich höre den einen oder anderen von Ihnen direkt sagen: *»Ist das nicht unglaublich egoistisch? Ich kann doch nicht meine eigenen Interessen gnadenlos über das Interesse anderer setzen. Das ist selbstsüchtig! Heutzutage ist jeder auf dem Ego-Trip. Unabhängigkeit um jeden Preis! Beruf und Karriere stehen im Vordergrund. Verantwortung für andere zu übernehmen, ist nicht mehr gefragt. Kein Wunder, dass in jeder dritten Wohnung bereits ein Single lebt. Egoistische Menschen sind zu keiner wirklich tiefen, menschlichen Beziehung fähig. Ihnen fehlt die Fähigkeit zu wirklich tiefen Gefühlen. Sie sind selbstbezogen. Sie gehen über Leichen, ...«*

Ja, mit dem Egoismus ist das so eine Sache! Ein Begriff, dehnbar wie Kaugummi und für jeden so formbar, wie er es haben will. Und immer ist der andere schuld! Immer ist der andere egoistisch – nur man selbst nicht. Nehmen wir als Beispiel

Brechts Großmutter wie im Kapitel: *»Revolutionieren Sie Ihr Leben«* beschrieben: Hätte sie ihrem Sohn, dem Buchdrucker ihr Haus überlassen sollen, damit er mit Frau und vier Kindern nicht mehr in einer kleinen zugigen Bude wohnen müsste und ein besseres Leben haben könnte? Ist sie deshalb egoistisch, weil sie als Witwe alleine in ihrem Haus bleiben wollte, in dem sie sich Jahrzehnte für die Familie abgerackert hatte?

Nehmen wir den Sohn, den Buchdrucker. Ist er egoistisch, weil er von seiner Mutter erwartete, dass sie ihm das große Haus überlässt und sich um seine Familie kümmert, anstatt sich einen Freund zu nehmen, im Gasthaus zu essen und ab und zu einen Wein zu trinken?
Er selbst hält sich jedenfalls für einen Märtyrer und glaubt, dass seine Mutter egoistisch ist.

Und nun frage ich Sie, auf welche der beiden Personen, Mutter oder Sohn – hätten sie auf ihre »egoistischen Ansprüche« verzichtet – passt besser die Botschaft von Angelus Silesius (»In jedem steht ein *Bild*, des, was er werden soll, solange er das nicht ist, ist nicht sein *Friede* voll.«)? Wer von den beiden hätte eher seinen Lebenssinn verloren? Ja sogar sein Leben riskiert?

Bitte entscheiden Sie selbst, welche Spezies von Egoisten gesünder leben und bei welcher »der Friede voll ist«:

Spezies Nr. 1
- Sie durchbrechen niemals Regeln, um nicht unangenehm aufzufallen.
- Sie achten darauf, dass jeder sie mag und passen sich deshalb der Meinung anderer an.

- Sie halten sich am liebsten aus allem raus und lassen anderen den Vortritt.
- Sie versuchen immer, es jedem recht zu machen und nehmen keine Rücksicht auf die eigenen Wünsche.
- Sie sagen ungern »nein«, weil sie andere nicht vor den Kopf stoßen wollen.
- Sie lassen sich beruflich oder privat ausnutzen ohne aufzumucken.
- Sie vermeiden Auseinandersetzungen aus Angst, den Kürzeren zu ziehen.
- Sie haben keinen Mut zur Veränderung, weil ein unbekannter Weg ihnen Angst macht.

Spezies Nr. 2

- Ihnen ist jedes Mittel recht, um sich als geborener Sieger zu fühlen.
- Sie schrecken auch vor Intrigen nicht zurück.
- Sie benutzen andere Menschen für ihre Zwecke.
- Sie setzen ihren ganzen Charme ein, aber auch Drohungen und emotionale Erpressung sind akzeptable Mittel für sie, um ihren Willen durchzusetzen.

Und nun die *Spezies Nr. 3.* Ich nenne diese Gruppe Best Ager. Denn so sollten Sie sich verhalten, wenn Sie ein Best Ager werden wollen oder vielleicht schon sind.

- Best Ager haben ein klares Ziel vor Augen, auf das sie lossteuern.
- Best Ager halten sich nicht an alle vorgegebenen Regeln, sondern entscheiden auch selbst, was für sie gilt.
- Best Ager machen sich nicht ständig Sorgen darüber, ob andere sie mögen, wenn sie ihren Standpunkt vertreten.

- Best Ager lassen nicht andere über ihr Leben bestimmen, sondern hören auf ihre eigene Intuition.
- Best Ager äußern klar und bestimmt ihre Wünsche.
- Best Ager stecken bei Problemen nicht den Kopf in den Sand, sondern suchen selbstständig nach Lösungen.
- Best Ager sind aufgeschlossen für alles Neue und gehen auch (kalkulierbare) Risiken ein.
- Best Ager lassen sich nicht schlecht behandeln.

Ich halte den Best-Ager-Egoismus für einen »normalen« und gesunden Egoismus, der mit dem Selbsterhaltungstrieb in Einklang steht. Das Ziel des »gesunden« Egoisten ist es, die Umwelt für sich zu erobern, um seine eigenen Möglichkeiten zu entfalten und zu festigen und um das in ihm angelegte Bild, die in ihm angelegte »Sinnspur« zu entdecken. Dazu ist es notwendig, Verantwortung für das eigene Leben zu übernehmen und vor allem Abschied zu nehmen von der Opferrolle. Eigensinnige Menschen verabschieden sich von dem schlechten Gewissen und folgen ihrer Intuition.

Wenn Sie den eigensinnigen Weg gehen wollen, müssen Sie den Begriff Egoismus für sich anders definieren, denn sonst hindert er Sie daran, Ihren Weg zu gehen!

Doch da gibt es noch ein anderes Problem, das auf Sie zukommen kann: Ängste! Jürgen Stepien meint dazu: *»Wir werden konfrontiert mit Ängsten, die tief in uns verwurzelt sind: Die Angst, verlassen zu werden und die Angst, schlecht zu sein. Zu dem eigensinnigen Weg gehören diese Ängste zwingend dazu.«* Eine Angst wird sein: *»Wenn ich mein Eigenes wage, dann kann es sein, dass andere mich nicht mehr so sehr mögen oder dass andere schlecht über mich denken.«* Und die zweite Angst ist mindestens genauso groß, wenn Sie anfangen, Ihren eigenen Weg zu gehen: dass andere sagen könnten: *»Du bist schuld, dass es mir so schlecht geht«* oder *»Du bist schuld, dass ...«* Aber: *»Dem Gefühl, sich schuldig zu fühlen, können Sie nicht entgehen. Sie werden nicht unschuldig bleiben. Denn Sie müssen sich entscheiden«*, so Stepien.

Es ist sicher nicht einfach, sich zu entscheiden: Entweder für die Menschen, die Ihnen den Blick auf Ihr Lebensbild versperren, oder für Ihren Weg, der Sie zu Ihrem Lebens-Sinn führt.

Doch es gibt noch einen anderen Weg, den LeShan, der bekannte Krebsspezialist, seinen Patienten mit auf den Weg gibt. Er meint, dass wir nicht glauben dürfen, dass es nur diese zwei Wege gibt: Entweder wir versuchen, ganz und gar wir selbst zu sein. Wenn wir diesen Weg wählen, werden wir alleine sein und diese Einsamkeit wäre unerträglich. Oder wir wählen den zweiten Weg: Wir richten uns nach den Wünschen anderer, begraben unsere Persönlichkeit und verleugnen unsere Individualität. Wir werden dann halbwegs akzeptiert und kriegen ein paar Krümel Aufmerksamkeit und Liebe ab, gerade so viel, dass wir überleben können. Aber selbst wenn wir diesen zweiten Weg wählen, werden wir uns nach einiger Zeit alleine und einsam fühlen. *»Denn Ihre Mitmenschen akzeptieren Sie nur für das, was Sie tun, und niemals für das, was Sie sind«*, so LeShan. Dazu kommt noch, dass Sie sich selbst ablehnen, genauso wie die anderen es tun.

Das ist besonders grausam! Wenn Sie Angst haben, die Liebe Ihres Partners zu verlieren oder Angst haben, als herzlos zu gelten, dann haben Sie sich selbst als Mittelpunkt Ihres Lebens verloren. Dann werden Sie sich irgendwann die Frage stellen: *»Wo ist das Leben geblieben?«*

Ich glaube, es ist unser Weg, uns und unsere Identität und unseren Lebenssinn ausdrücken zu lernen. Auch wenn die anderen sich dadurch verletzt oder zurückgesetzt fühlen könnten, bleibt uns nichts anderes übrig, als sich selbst zu leben. Den dritten Weg, der beinhaltet, sich auf keinen Fall für andere zurechtzubiegen, sieht LeShan darin, sich folgende Fragen zu stellen: *»Was kann ich tun, damit mein Leben so interessant ist, damit andere es mit mir teilen wollen. Wie kann ich mir selbst ein solch faszinierender Wegbegleiter sein, dass es mir egal ist, ob die anderen bei mir sind oder nicht. Wie kann ich innerlich so blühen und wachsen und Spaß im Leben haben, dass andere an diesem Spaß teilhaben wollen.«*

Meine Antwort lautet: Wenn Sie die Dinge tun, für die Sie geschaffen sind. Wenn Sie Ihre Interessen mit Ihren Talenten verbinden. Wenn Sie mehr und mehr Sie selbst werden, sind und bleiben!
Selbst wenn diese Rechnung nicht aufgehen sollte, wären Sie so beschäftigt und so ausgefüllt, dass Sie sich die Frage, ob Sie Menschen auf dem Weg zu Ihrer Identität verlieren, vermutlich gar nicht stellen würden – auf jeden Fall hätte sie an Dringlichkeit verloren.
Eigen-Sinn ist eine unabdingbare Voraussetzung dafür, sich von anderen, auch von Partner und Kindern, keinen Un-Sinn einreden zu lassen, erpresserische Situationen als solche zu erkennen und seinen ureigenen Weg zu gehen. Dann kommen die Kraft und die Lebendigkeit zu uns zurück und wir sind wieder mit dem Herzen bei der Sache. Das ist Best-Aging für die Seele.

Vielleicht sagen Sie jetzt: »O.k., ich gehe meinen Weg! Aber welchen? Verdammt noch mal!«

Geduld, Geduld!

Ein neuer Blickwinkel

Ihre eigene Entfaltung sollte Ihre stärkste Antriebsfeder sein.

»Ich will ja nur das Beste für dich«
heißt sehr oft,
dass ich für dich das will, was für mich das Beste ist.

Dr. phil. Gerald Dunkl (1959)
österreichischer Geronto-Psychologe

Literaturtipps:

Dr. Jürgen Stepien*: *Gesundheit durch Eigensinn*, Doppel-CD; Paracelsus-Klinik, 88175 Scheidegg; e-mail: stepien@t-online.de

Josef Kirschner: *Die Kunst, ein Egoist zu sein; Das Abenteuer, glücklich zu leben, auch wenn es anderen nicht gefällt*

Kate White: *Die 9 Geheimnisse von Frauen, die alles bekommen, was sie wollen*

Entwickeln Sie Ihre Spezialität

Deepak Chopra, der bekannte amerikanische Arzt und Autor schreibt in seinem Buch: *»Die sieben geistigen Gesetze des Erfolgs«: »Nur wenn es uns gelingt, unsere wahre Natur zu verstehen und im Einklang mit den natürlichen Gesetzen zu leben, sind wir in der Lage, unbegrenzten Reichtum in unserem Leben zu erreichen und unsere Träume zu verwirklichen.«*

Dieser unbegrenzte Reichtum bezieht sich hier weniger auf die Anhäufung von Millionen in Form von Geld; es hat eher damit zu tun, dass wir unser Leben als reich und unbegrenzt erleben, wenn wir unseren inneren Gesetzen bzw. unserer inneren Stimme folgen. Wenn wir unserem Wesen entsprechend leben, sind wir einzigartig. Es gibt viele Philosophien, die die Frage nach dem: »W*er sind wir?«* als wichtiger empfinden als die Frage nach dem: »W*as tun wir?«*. So schreibt Chopra auch, dass er diese Frage nach dem: »W*er sind wir?«* als eine der wichtigsten bei der Erziehung seiner Kinder gesehen habe. Ab dem vierten Lebensjahr hat er ihnen immer wieder gesagt, dass es einen besonderen Grund gäbe, warum sie auf der Welt seien, und dass sie diesen Grund alleine herausfinden müssten. Er wollte nicht, dass sich seine Kinder ausschließlich darauf konzentrierten, gute Leistungen in der Schule zu erzielen. Nein, sie sollten sich darauf konzentrieren, welche einzigartigen Talente sie hätten und wie sie diese Talente einsetzen könnten, um der Menschheit zu dienen. Seine Kinder, die mit dieser Philosophie groß geworden sind, haben die besten Noten in der Schule gehabt und waren später sehr schnell finanziell unabhängig, weil sie sich darauf konzentriert hatten, ihre einzigartigen Talente zum Nutzen der Menschheit einzusetzen. Der zu werden, der man vom Wesen her ist, hat auch immer zur Folge, dass man mit der bestmöglichen Verwirklichung seiner Wünsche und Fähigkeiten auch gleichzeitig einen Beitrag für andere Menschen leistet.

Natürlich sind wir uns in vielerlei Hinsicht ähnlich: In unseren Bedürfnissen unterscheiden wir uns kaum von anderen. Wir wollen Sicherheit für uns und unsere Familie. Wir streben nach Glücklichsein. Wir wollen gesund, attraktiv und erfolgreich sein. Wir wollen anderen sympathisch sein und uns selbst mögen. Auch in unseren Gedanken, Emotionen und Empfindungen sind wir uns ähnlich. Und doch unterscheiden wir uns grundlegend. Bereits bei unserer Geburt verfügen wir über verschiedene einzigartige Begabungen, wie sie kein anderer hat. Es gibt keinen Menschen, der dem anderen vollkommen gleicht. Keiner hat die gleiche genetische Veranlagung wie Sie. Keiner hat die gleiche Augen-Iris wie Sie und keiner hat die gleichen Fingerabdrücke wie Sie. In jedem Moment unseres Lebens sind wir einzigartig und einmalig.

- Machen Sie sich bewusst, dass es auf der ganzen Welt nur einen Menschen gibt, der genau das tun kann, was Sie zu tun imstande sind.
- Machen Sie sich bewusst, dass genau das Sie auszeichnet, Sie einmalig macht!
- Machen Sie sich bewusst, dass es von Ihnen alleine abhängt, was Sie mit Ihrem Leben anfangen!
- Fragen Sie sich, ob Sie bereit sind, Ihre Einzigartigkeit zu leben und zu nutzen!

Jetzt haben Sie die Chance – warum auch immer Sie dieses Buch in den Händen halten –, Ihre Fähigkeiten zu entdecken und zu entwickeln. Viele von uns müssen erst in das beste Alter kommen, um diese Möglichkeit als zweite Chance zu nutzen. Denn in unserer westlichen Gesellschaft haben die meisten von uns die Gelegenheit verpasst, uns bereits in der Jugend mit der Frage nach unseren Fähigkeiten zu beschäftigen. Die wenigsten Eltern impfen ihre Kinder – wie Deepak Chopra – mit dem Gedanken, sich bereits frühzeitig ihren Lebenssinn auf dieser Welt bewusst zu machen. Klar erinnert sich jeder an seine kindlichen Berufswünsche, die in Richtung: *»Wenn ich einmal groß bin, will ich Pilot, Ärztin, Feuerwehrmann oder Rennfahrer werden«* etc. gingen. Doch auf dem Weg von Kindergarten und Schule über Gymnasium und Studium verlieren die meisten ihre Wünsche. Dabei orientieren wir uns an dem, was der Stellenmarkt hergibt. Überhaupt sind wir schon froh, wenn Jugendliche oder Studenten überhaupt die Chance für eine Berufsausbildung erhalten. Oft entscheiden das Arbeitsamt, die Eltern oder die Frage, mit welchem Job wohl das meiste Geld verdient werden kann, über unsere künftigen Berufe. Das ist alles andere als ein selbstbestimmtes Leben! Aber nur so ein Leben macht auf Dauer glücklich.

Erst einmal müssen Sie eine neue Lebensaussage für sich formulieren und, wie Steven Covey das so schön ausdrückt, dabei *»Schon am Anfang das Ende im Sinn zu haben«*. Damit ist keinesfalls Ihr Ableben gemeint, nein, denn wir wollen uns doch noch intensiv mit Ihrem aktiven Leben beschäftigen! Damit ist gemeint, welche Aussage Sie über Ihr Leben machen wollen. Was Sie sein wollen und was Sie tun wollen, hängt im Wesentlichen davon ab, auf welchen Werten oder Prinzipien dieses Sein und Tun beruhen. Das werden wir später herausfinden.

Doch beschäftigen wir uns zunächst mit der Aussage: *»Am Anfang schon das Ende im Sinn zu haben.«*

Die Aufforderung, am Anfang schon das Ende im Sinn zu haben, ist für alle wichtig, die etwas Eigenes entwickeln. Jedes Gemälde, das entsteht, wird zuerst vor dem inneren Auge eines Malers erblickt, bevor es auf seiner Leinwand Gestalt annimmt. Ein Modeschöpfer muss ein Kleid erst im Geiste sehen, bevor er es zu Papier bringt und sein Schnittmuster entwerfen kann. Jeder Architekt muss sein Gebäude, das er erschaffen will, erst einmal innerlich sehen, lange bevor er die Pläne zeichnet. Alle haben schon am Anfang das Ende im Sinn. Gegen diese Regel zu verstoßen bedeutet, die Arbeit unter Umständen zwei Mal durchführen zu müssen. Wenn ein Architekt nicht schon am Anfang das Ende im Blick hat, kann er gezwungen sein, sein Werk nach der Vollendung bis auf die Grundmauern zerstören zu müssen.

Oft sind wir stark beschäftigt und rasen mit Volldampf von einer Aktivitätsfalle in die nächste, um dann am Ende des Tages festzustellen, dass wir wenig Effektives geleistet haben. Nur weil wir vom Ziel abgelenkt waren und schon am Anfang das Ende nicht im Blick hatten.
Auch bei der Arbeit zu diesem Buch ist es mir immer wieder passiert, dass ich mich in bestimmte Themen total verbissen habe und schreibe und schreibe, um dann nach Stunden festzustellen, dass ich die ursprüngliche Aussage dieses Buches aus den Augen verloren habe.

Am Anfang schon das Ende im Sinn zu haben erfordert einen klaren Verstand und eine klare Zielsetzung. Wenn Sie nicht wissen, was Ihre Spezialität ist, was der Sinn Ihres Lebens ist, müssen Sie viele Runden drehen, um dann irgendwann einmal auf die richtige Fährte zu gelangen. Das soll Ihnen möglichst erspart bleiben – wie, werden Sie im letzten Teil des Buches sehen.

Unsere Begabungen, tief in uns drinnen, wollen sozusagen »entwickelt« und »entdeckt« werden. Wir müssen also unser Innerstes erforschen und all unsere Sinne zur Hilfe nehmen, um »Sinn-Entdeckungshilfe« zu leisten.

Wie können wir am besten unserer inneren Stimme zuhören? Indem wir das ständige »Geplappere« unserer Gedanken eindämmen – und uns körperlich und geistig entspannen. Ich bitte Sie, sich Zeit zu nehmen, wenn Sie Ihre Lebensaussage neu formulieren. Sie werden diese Arbeit nicht in einer halben Stunde erledigt haben. Es kann Stunden, Tage oder Wochen dauern. Machen Sie diese Arbeit, wenn Sie alleine und ungestört sind. Sie sollten auf jeden Fall die nachfolgend beschriebene Übung gemacht haben, bevor Sie in diesem Buch weiterarbeiten. Wenn Sie diesen Teil einfach überspringen, fehlt Ihnen ein wichtiges Glied in der Kette, um wirklich eine Aussage über Ihre ureigenste Begabung machen zu können.

Der erste Teil der Übung wird nur wenig Zeit in Anspruch nehmen. Doch für die schriftliche Ausarbeitung müssen Sie einiges an Zeit investieren.
Wir beginnen mit dem ersten Schritt. Stellen Sie Ihr Telefon ab und versuchen Sie alle möglichen weiteren Störungsquellen auszuschalten. Falls es Ihnen möglich ist, hören Sie die Musik »Om Namah Shivaya« oder andere entspannende, meditative Musik mit Kopfhörern. Lassen Sie sich von der Musik aus dem

Alltag tragen. Nach einer Weile stellen Sie sich vor Ihrem geistigen Auge vor, wie eine Festrede über Sie gehalten wird. Sie sind zur Frau/zum Mann des Jahres gewählt worden wegen Ihrer herausragenden Fähigkeiten. Sie sitzen in der ersten Reihe und schauen hoch zu dem Sprecher am Rednerpult. Hören Sie zu! Welche Ihrer Fähigkeiten werden geehrt? Welche Art von Arbeit haben Sie vollbracht? Für welches Lebenswerk *wollen* Sie geehrt werden? Spüren Sie in sich hinein und »ent-wickeln« Sie Ihre geheimen Begabungen. Bleiben Sie bei dieser Übung, bis Sie vollends davon ausgefüllt sind.

Jetzt kommt der schriftliche Teil der Ausarbeitung. Beschreiben Sie den Tag, an dem Sie die Mitteilung erhalten werden, dass Sie wegen Ihrer einmaligen Leistung eine Ehrung erhalten sollen. Beginnen Sie mit dem Tagesanfang. Beginnen Sie damit, wie Sie morgens aufstehen. Schreiben Sie auf, wo Sie sich befinden. In welcher Umgebung? Im Gebirge oder am Meer? Sehen Sie sich dort, wo Sie gerne sein wollen. Gehen Sie geistig zu der Stätte Ihres beruflichen Wirkens. Lassen Sie einen typischen »Berufsalltag« vor Ihrem geistigen Auge ablaufen. Mit wem arbeiten Sie, an was arbeiten Sie? Schreiben Sie alles auf, was Sie beglückt. Am Ende des Tages kommt ein Fax, in dem Ihnen mitgeteilt wird, dass Sie von einem bedeutenden Zeitschriftenmagazin ausgewählt wurden, für Ihre besonderen Verdienste ausgezeichnet zu werden. Stellen Sie sich vor, wie Sie dieses Fax den Menschen zeigen, mit denen Sie zusammenarbeiten und zusammenleben und sehen Sie sich, wie Sie die Annahme dieser Ehrung an den Absender schriftlich bestätigen. Schmücken Sie diesen Tag aus, mit allem, was Ihr Herz begehrt. Machen Sie einen Film daraus. Die Beschreibung Ihres Tages endet damit, dass Sie einen erfolgreichen Tag glücklich und zufrieden beschließen.

Wenn Sie diese Übungen gewissenhaft durchgeführt haben, sind Sie mit dem in Berührung gekommen, was Goethe in *»Dichtung und Wahrheit«* gesagt hat: *»Unsere Wünsche sind Vorgefühle der Fähigkeiten, die in uns liegen, die Vorboten desjenigen, was wir zu leisten imstande sein werden. Wir fühlen eine Sehnsucht nach dem, was wir schon im Stillen besitzen.«*

Was Sie nun »ent-wickelt« haben, wurde von Ihren Gefühlen, von Ihrer kreativen rechten Gehirnhälfte – und auch von Ihrer Seele – ans Tageslicht befördert. Es ist etwas, was seit jeher in Ihnen ruht – Ihre Anlagen, Ihre Begabungen, Ihr Talent, Ihre Fähigkeit; das, was Ihnen vielleicht im Laufe der Kinderzeit verloren ging, für das man Sie zum Träumer abgestempelt hat, ja, vielleicht sogar ausgeschimpft hat *(»Lass endlich die Pflanzen, Tiere, Malsachen ... etc. in Ruhe und komm endlich zum Hausaufgabenüben«)*, wurde ans Tageslicht befördert. Ein nicht zu unterschätzender Aspekt! Später, in der Ausarbeitung von *»Fähigkeiten finden und bewahren«* lassen Sie Ihren Verstand, Ihre Logik, Ihre linke Gehirnhälfte sprechen. Da der Mensch ganzheitlich funktioniert, müsste das Zusammenfügen der kreativen Arbeit, also der Arbeit, die Sie mit Ihrer rechten Gehirnhälfte jetzt erledigt haben, mit der vom Verstand gesteuerten Arbeit der linken Gehirnhälfte, die Sie noch erledigen werden, am Ende der Ausarbeitungen ein in sich stimmiges Ergebnis hervorbringen.

Wenn Sie nur den Hauch eines Gefühles von Ihrer Berufung in sich entdeckt haben, werden Sie auch die Kraft und den Mut haben, Ihre Talente und Ihre Energien richtig einzusetzen. Da Sie nun zum Gestalter Ihrer eigenen Zukunft werden, müssen Sie schon am Anfang das Ende im Sinn haben, indem Sie die

Aktivitäten ausführen, die zu Ihrem Ziel führen – was letztendlich darauf hinausläuft, ein eigenständiges und sinnvolles Leben zu leben, auch jenseits Ihrer Jugendzeit.

Ein neuer Blickwinkel

Fördern Sie Ihre brachliegenden Schätze zutage.
Werden Sie Ihr eigener Geburtshelfer!

»Fang vorn an«, sagte der König würdevoll,
»und geh weiter, bis du ans Ende gelangst;
dann bleib stehen.«

Lewis Carroll (1832–1898)
aus »Alice im Wunderland«

Fähigkeiten finden und bewahren

Ich habe unendlich viel verfügbare Literatur durchforstet, um herauszufinden, welche wohl die beste, einfachste und doch effektivste Methode ist, seine verborgenen Fähigkeiten zu finden. Ich bin fündig geworden! Es war wie ein Déjà-vu. Um Ihnen das zu erklären, muss ich ein bisschen weiter ausholen. Nach einem Vortrag in Zürich signierte ich noch einige Bücher, als eine Frau auf mich zukam und mich um folgende Widmung für ihre Freundin bat: »*Für Katha, einer begeisterten Aus-,Um- und Einsteigerin.*« Ich fragte sie, welcher Sinn dahinter steckt. Sie erzählte mir, dass ihre Freundin Katha in einer Familie aufgewachsen sei, in der größten Wert darauf gelegt wurde, ein guter Mensch zu sein; man sollte vor allem für andere da sein und hatte seine eigenen Wünsche hintenan zu stellen. Katha wollte Künstlerin werden, aber ihre Familie sah darin keinen besonderen Wert für die Menschheit. Sie sollte Medizin studieren und sich dadurch besser um andere kümmern. Sie wurde erfolgreich in ihrem Beruf, setzte sich für andere ein, ungeachtet ihrer persönlichen Vorlieben. Mitte 40 wurde bei ihr ein Knoten in der Brust festgestellt. Kurz vor der Operation dachte sie: »Ich habe Krebs. Also habe ich nichts mehr zu verlieren und kann jetzt tun, was ich will.« Nach der Operation fühlte sie eine große Erleichterung und hatte ein starkes Gefühl der Freiheit. Sie begann zu zeichnen und widmete streng einen Tag in der Woche ihrem Hobby. Sie blieb neben ihrer Arbeit als Ärztin konsequent dabei. Nach vier Jahren wurde erneut ein Knoten entdeckt, aber diesmal entschied sie sich gegen eine Operation und widmete sich nur noch ihrer Malerei und vor allem ihren körperlichen und seelischen Bedürfnissen. Der Knoten wurde kleiner und musste nicht mehr behandelt werden. Sie hat später mit Freunden eine Galerie eröffnet und ist bis zum jetzigen Zeitpunkt gesund geblieben.

Die Freundin erzählte mir, dass Katha gesagt hätte: *»Um eine vollkommen neue Sicht-, Denk- und Handelsweise für ein neues Leben zu bekommen, muss man aussteigen aus dem alten Trott, der einen fast ins Grab gebracht hat, in sich hineinfühlen, was es zu leben gilt und dann mit aller Konsequenz wieder einsteigen.«*

Das hat eine Saite in mir zum Schwingen gebracht, vielleicht auch weil ich diese Methode – oft unbewusst – mit Erfolg selbst beherzigt habe.

Ich wusste, dass ich dieses Konzept: **Aussteigen, Umsteigen und Einsteigen** in meinem neuen Buch ausführlich behandeln wollte. Bei meiner Recherche im Internet sprang mir dann folgende Zeile entgegen: »Ein Handbuch für Ein-, Um- und Aufsteiger«. Da wusste ich, dass ich dieses Buch genauestens studieren würde, denn es musste Parallelen zu meinem Aus-, Um- und Einsteiger-Konzept geben.

Ich denke, wir müssen das Rad nicht neu erfinden, sondern sollten uns auf bewährtes Know-how verlassen. Wir sollten unsere besten Jahre nicht mit Runden-Drehen vergeuden, bis wir nach einiger Zeit feststellen, dass wir auf dem Holzweg sind. »Klappe, die Hundertste« sollten wir uns nicht leisten. Richard Nelson Bolles ist Buchautor und einer der weltweit führenden und einflussreichsten Experten im Bereich Karriere-/

Lebensplanung. Sein Buch *»What Color is Your Parachute?«* wurde zum Weltbestseller. Die deutschsprachige Ausgabe lautet: *»Durchstarten zum Traumjob. Das Bewerberhandbuch für Ein-, Um- und Aufsteiger«*.

In dem Bewerberhandbuch von Bolles geht es – nachdem man seine persönlichen Fähigkeiten entdeckt hat – darum, die herkömmlichen Strategien der Jobsuche aufzugeben und die Jobsuche vollkommen anders anzugehen. Das bedeutet, sich seinen Job nach seinen Fähigkeiten zu suchen und nicht nach dem Angebot des Marktes. Bolles hält u.a. die Klärung der Fragen nach dem **Was**, **Wo** und **Wie** für überaus wichtig, um den passenden – seinen speziellen Begabungen entsprechenden – Beruf zu finden.

Mein Anliegen hat aber mehr mit Best-Aging für die Seele zu tun als mit puren Karrierestrategien. Ich bin mehr an der Entwicklung eines neuzeitlichen Modells interessiert, mit dessen Hilfe Menschen – unabhängig von einem Arbeitgeber und sozialen Netzen – ihren Lebensplan neu entwickeln. Und dazu gehört eine sie ausfüllende, selbstbestimmte Tätigkeit und das bis an das Ende eines erfüllten Lebens. Mein Anliegen ist es, Ihnen als Best-Ager-Anfänger zu zeigen, wie Sie geistig und körperlich gesund durch die Jahre der Reife bis in ein hohes Alter gelangen und der Beschäftigung nachgehen können, die Ihrem Wesen entspricht – und das über das Rentenalter hinaus. Wobei ich damit ganz und gar nicht die wertvolle Arbeit von Richard Nelson Bolles herabwürdigen will. Mir geht es hier in erster Linie um die Erschaffung eines ganzheitlichen neuen Lebenskonzeptes, das neben der Selbstsorge für Ihre Gesundheit auch Ihre Identität und ein neues Selbstbewusstsein für die restlichen Jahre Ihres Lebens mit einschließen sollte.

Ein Weg dorthin führt also u.a. über die Beantwortung der drei Fragen nach dem **Was**, **Wo** und **Wie**. Doch bis es so weit ist, gilt es erst einmal Ihren Bleistift zu spitzen, sich Papier und Radiergummi zu suchen und sich dann auf den Weg zu machen, das Geheimnis der drei »W's« zu lüften.

Hier sind die drei wichtigsten Fragen:

Was haben Sie der Menschheit zu bieten?
Hier müssen wir herausfinden, welche Fähigkeiten Sie haben, was Ihre Spezialität ist! Unser Ziel ist es, die genau für Sie passende Tätigkeit zu finden!

Wo, in welchem Bereich wollen Sie Ihre Spezialität einsetzen? Hier werden wir alle Bereiche abklopfen, die Sie interessieren könnten. Auch die Frage, ob Sie lieber mit Menschen, Tieren, Daten, Gegenständen etc. arbeiten, müssen wir beantworten. Unser Ziel ist es, Ihren neuen Tätigkeitsbereich zu definieren, der sich aus Ihren Fähigkeiten und Ihren Interessen ergibt – indem wir das **WAS** und **WO** zusammenfügen.

Wie können Sie nun Ihre Fähigkeiten mit Ihren Interessen verbinden und daraus Ihre Berufung leben? **Wie** können Sie vorgehen, um keinen Schiffbruch zu erleiden und um sicherzugehen, dass Sie das Richtige für sich ausgewählt haben?

Danach schreiben Sie Ihre Visitenkarte neu!

Bolles hat eine Blume entworfen, in der alle diese Daten eingetragen werden. Diese Blume soll symbolisieren, dass der Bewerber in seinem neuen Beruf nun aufblühen kann, anstatt vor sich hin zu welken.

Ich möchte bei Ihrer Suche nach Ihren Fähigkeiten auch Ihre rechte kreative Gehirnhälfte ansprechen. Ich habe eine Methode gewählt, bei der Sie alles auf einem Blick vor sich haben. Sie basiert auf der *Mind-Mapping-Methode*, die von Tony Buzan entwickelt wurde. Tony Buzan ist weltweit die führende Autorität auf dem Gebiet der Gedankenforschung und des Gedächtnistrainings. Diese Form der Darstellung hilft Ihnen, Ihr geistiges Potenzial maximal zu nutzen. Sie ermöglicht Ihnen, einfach und schnell Informationen zu sammeln, die gewonnenen Informationen in einem wieder erkennbaren Muster darzustellen und hieraus schnell die richtigen Schlüsse zu ziehen. Ihr Plan muss nicht hundertprozentig perfekt sein – aber flexibel. Sie können diese Art der Darstellung unendlich erweitern und Sie können mit dieser Merk- und Notiztechnik optimal planen, organisieren, Probleme lösen und Entscheidungen treffen. Mind-Mapping spricht Ihre beiden Gehirnhälften an: die linke Seite, die für das rationale und logische Denken zuständig ist, und die rechte Seite, die durch optische und kreative Reize beeinflusst wird. Sie sollen eine Vorstellung – das meine ich wörtlich – davon haben, wohin Sie wollen, denn Sie möchten ja nicht unvorbereitet losstürzen – und schon gar nicht ins Chaos. Ein weiterer Vorteil ist, dass Sie Ihren Lebensentwurf – so nennen wir ab jetzt Ihre Ausarbeitung – jedem Ihrer Freunde, Familienmitglieder oder anderen Mitmenschen zeigen können, falls Sie sich festgefahren haben und nicht wissen, was Sie nun mit Ihren Fähigkeiten und Ihrem speziellen Interessengebiet anstellen können bzw. wie Ihre neue Berufsbezeichnung heißen könnte. Unter Umständen entwerfen Sie eine völlig neue Berufsbezeichnung und Ihr privater Beraterkreis kann Ihnen vielleicht auf die Sprünge helfen.

Sie können sich unter meinen Ausführungen sicher noch nichts Genaueres vorstellen, aber Sie werden sehen, dass wir mit den

Ihre persönliche Mind Map

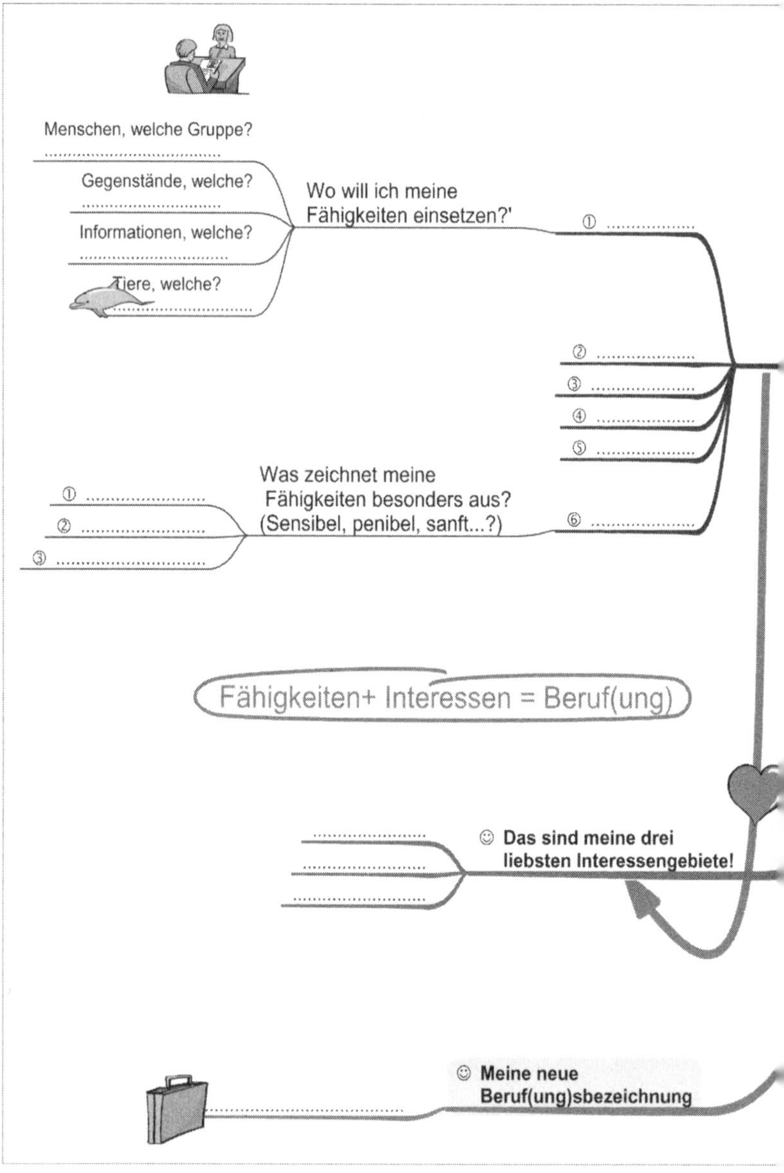

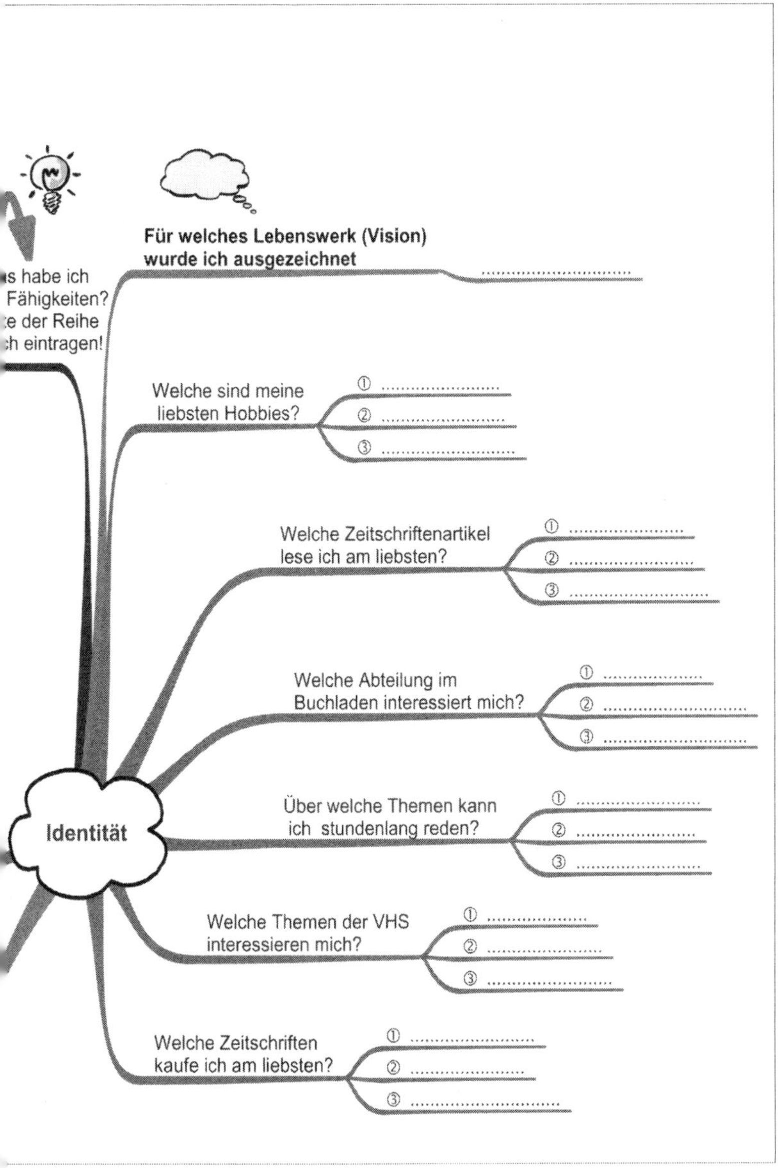
s habe ich
Fähigkeiten?
e der Reihe
h eintragen!
Für welches Lebenswerk (Vision) wurde ich ausgezeichnet
Welche sind meine liebsten Hobbies?
① ② ③
Welche Zeitschriftenartikel lese ich am liebsten?
① ② ③
Welche Abteilung im Buchladen interessiert mich?
① ② ③
Identität
Über welche Themen kann ich stundenlang reden?
① ② ③
Welche Themen der VHS interessieren mich?
① ② ③
Welche Zeitschriften kaufe ich am liebsten?
① ② ③

Werkzeugen, die solche Kapazitäten wie Richard Nelson Bolles und Tony Buzan entwickelt haben, arbeiten können, um Ihren Fähigkeiten auf die Spur zu kommen.

Ich bitte Sie, sich die folgenden Tabellen genau durchzulesen und Ihre Eintragungen – wo gefordert – vorzunehmen und die Ergebnisse in die *Mind Map* einzutragen. Wenn alles fertig ist, haben Sie sozusagen Ihren unverwechselbaren Fingerabdruck, der nun bildlich vor Ihnen liegt.

Auf den nächsten zwei Seiten sehen Sie die erste Tabelle, bestehend aus Verben oder (auf Deutsch) Tätigkeitswörtern. Mit dem Verb werden Zustände, Vorgänge und Handlungen bezeichnet. Bitte studieren Sie diese Wörter genau und finden Sie heraus, welche Verben Ihren Fähigkeiten am besten entsprechen. Bevor Sie die Verben ankreuzen, müssen Sie die Liste um die Fähigkeiten verlängern, die Sie benötigen, um die Tätigkeit auszuführen, für die Sie bereits in Ihrer Vision »ausgezeichnet« wurden. Bitte nehmen Sie dazu die schriftliche Ausarbeitung, die Sie im Kapitel *»Entwickeln Sie Ihre Spezialität«* erstellt haben (Wenn nicht, jetzt schnellstens nachholen!), zur Hand und stellen Sie fest, welche Fähigkeiten Sie benötigen, um diese Tätigkeit auszuüben. Fügen Sie diese Fähigkeiten Ihrer Liste hinzu.

Und bitte tragen Sie die Tätigkeit, für die Sie in Ihrer Vision ausgezeichnet wurden, in den dafür entsprechenden Zweig in die *Mind Map* ein.

Tabelle 1

abändern
abbauen
abchecken
abfragen
ablenken
ablesen
abpacken
abschätzen
addieren
adressieren
aktualisieren
amüsieren
analysieren
anbieten
ändern
anfertigen
anhören
animieren
anleiten
anpassen
anstreichen
anweisen
akquirieren
arbeiten
argumentieren
arrangieren
aufbauen
auffordern
aufnehmen
aufräumen
aufrechterhalten
aufstellen
aufwerten
ausarbeiten
ausdrücken
ausführen
auskundschaften
ausstellen
auswählen
Auto fahren
basteln
bauen
beaufsichtigen
bedienen
beeinflussen
befolgen
befragen
begeistern
behalten
behandeln
beherrschen
beibringen
bekommen
belehren
benutzen
beobachten
beraten
berechnen
bereitstellen
berichten
besichtigen
bestellen
bestimmen
betreiben
beurteilen
bewahren
bewältigen
bewerten
beziehen
bilden
bohren
darstellen
definieren
dekorieren
designen
diagnostizieren
dienen
drücken
durchführen
durchsetzen
einfühlen
einführen
einkaufen
einleiten
einordnen
einrichten
einschätzen
eintragen
empfangen
empfehlen
entdecken
entscheiden
entwerfen
entwickeln
entziehen
erahnen
erfassen
erfinden
erforschen
erhalten
erhöhen
erinnern
erklären
erledigen
errechnen
erreichen
erschaffen
erstellen
erweitern
erzählen
erzeugen
experimentieren
fahren
feilen
festlegen
feststellen
finanzieren
folgen
fördern
formen
formulieren
forschen
fotografieren
führen
geben
gehorchen
gestalten
gründen
handeln
heilen

helfen
herstellen
hervorbringen
hobeln
identifizieren
illustrieren
improvisieren
informieren
initiieren
inspirieren
inspizieren
installieren
integrieren
interpretieren
interviewen
inventarisieren
klassifizieren
komponieren
konsolidieren
kontrollieren
konzipieren
koordinieren
korrigieren
lehren
leimen
leisten
leiten
lernen
lesen
liefern
lösen
malen
managen
manipulieren
mitfühlen
mitteilen
modellieren
moderieren
motivieren
nachweisen
nähen
navigieren
ordnen
organisieren
pflanzen
pflegen
planen
präparieren
präsentieren
problematisieren
produzieren
programmieren
projektieren
prüfen
publizieren
reagieren
reden
redigieren
reduzieren
rehabilitieren
reisen
renovieren
reparieren
restaurieren
riskieren
sägen
sammeln
schlichten
schreiben
schützen
sezieren
siegen
singen
skizzieren
sortieren
spielen
sprechen
spüren
steuern
studieren
symbolisieren
systematisieren
teilen
testen
therapieren
trainieren
treffen
trennen
übergeben
überprüfen
überreden
übersetzen
übertragen
überwachen
überzeugen
unterhalten
unterrichten
untersuchen
verantworten
verarbeiten
verbessern
vereinigen
verfassen
verhandeln
verkaufen
vermehren
vermitteln
versammeln
versöhnen
verstehen
verteilen
vertreten
verwalten
visualisieren
vollenden
vollziehen
voraussagen
vorbereiten
vorführen
vorschreiben
vorstellen
vortragen
wagen
wahrnehmen
waschen
weiterleiten
werben
widerlegen
zeichnen
zeigen
zergliedern
zuhören
zurechtkommen
zurückholen
zusammenarbeiten
zusammenfassen
zusammenstellen

Jetzt werfen Sie bitte einen Blick in die Vergangenheit, während Sie auf der Suche nach der Zukunft sind. Gab es einmal eine Tätigkeit – vielleicht in frühester Jugend –, die Sie glücklich gemacht hat, oder eine tolle Idee, die Sie aber dann verworfen oder vergessen haben, weil sie zeitlich begrenzt war oder aus anderen Gründen nicht mehr möglich war? Kramen Sie in Ihrem Gedächtnis, durchforsten Sie es von oben nach unten und überlegen Sie, welche Fähigkeiten Sie dabei benutzt haben. Tragen Sie bitte diese Fähigkeiten in die Liste ein. Überprüfen Sie auch die Liste, ob die Fähigkeiten, die Sie in Ihrer letzten Tätigkeit benutzt haben, dort enthalten sind; wenn Sie z.B. *formulieren* mussten und dieses Verb nicht auf der Liste steht, so tragen Sie dieses Verb dort ein. Auch die Tätigkeiten und Fähigkeiten, die Ihnen vielleicht nicht so viel Spaß gemacht haben.

Oft sind wir gegenüber unseren eigenen Fähigkeiten regelrecht betriebsblind. Wir halten sie für selbstverständlich und denken überhaupt nicht darüber nach, dass andere eben nicht über die gleichen Fähigkeiten verfügen. Fragen Sie Familienmitglieder, Freunde und Verwandte danach, was Sie ihrer Einschätzung nach besonders auszeichnet. Aber bitte fragen Sie keine

- Menschen, die Sie nicht wirklich kennen
- Leute, die Sie nicht wirklich unterstützen
- Familienmitglieder, die Sie genau dort behalten wollen, wo Sie jetzt sind
- Bekannten, die eine vorgefasste Meinung haben, wie man sich ab einem bestimmten Alter zu verhalten hat.

Nun schauen Sie sich die Fähigkeiten in aller Ruhe an und tragen Sie Ihre sechs Lieblingsfähigkeiten in die *Mind Map* ein.

Nun geht es darum, die mit einem Verb ausgedrückte Handlung näher zu bestimmen. Dazu gibt es das Adverb, auch Umstandswort genannt. Das Adverb gibt also die Umstände wieder, unter denen eine Handlung geschieht. In Tabelle 2 finden Sie eine Auflistung. Suchen Sie sich hier die Begriffe heraus, die am besten Ihre Fähigkeiten widerspiegeln, und Sie werden Ihren Fähigkeiten in Ihrer ganz persönlichen Ausprägung noch besser auf die Spur kommen. Angenommen, eine Ihrer Fähigkeit ist *analysieren.* Jetzt müssen Sie sich fragen, was Sie von anderen, die ebenfalls analysieren können, unterscheidet: Analysieren Sie *sensibel, überlegt, sorgfältig* oder *scharfsinnig?*

Hier werden Ihre Fähigkeiten näher bestimmt.

Tabelle 2

flugs
geduldig
genau
gerne
gewissenhaft
gründlich
gut gelaunt
impulsiv
kompetent
kontaktfreudig
kooperativ
kraftvoll
kreativ
kultiviert
lebhaft
leistungsorientiert
lernfähig
loyal
lustvoll
menschlich
methodisch
mitreißend
mutig
praktisch
professionell
pünktlich
rasch
rational
realistisch
ruhig
sachkundig
scharfsinnig
schnell
schwungvoll
selbstständig
selbstbewusst
sensibel
sicherheitsbewusst
sorgfältig
standhaft
stark
taktvoll
überlegt
umsonst
unabhängig
unermüdlich
ungewöhnlich
unterstützend
verantwortungsbewusst
verlässlich
verständnisvoll
vielseitig
vorsichtig
zuverlässig

Als Nächstes fragen Sie sich, ob Sie lieber mit Menschen, Tieren, Gegenständen oder Informationen arbeiten wollen. Bitte tragen Sie das Resultat in dem Zweig »*Wo wollen Sie Ihre Fähigkeiten einsetzen?*« ein. Wenn Sie lieber mit Menschen arbeiten, machen Sie bitte noch genauere Angaben, z. B. ob Sie lieber mit Männern, Frauen, Kindern, alten Menschen, kranken Menschen etc. arbeiten. Mit den anderen Gruppierungen verfahren Sie ebenso. Die Auflistungen in Tabelle 3 werden Ihnen helfen, sich über das für Sie Richtige klar zu werden. Ergänzen Sie die Liste jederzeit, wenn Ihnen das notwendig erscheint.

Jetzt müssen Sie noch entscheiden, wo Sie z. B. die Fähigkeit zu analysieren einsetzen wollen. Nehmen wir an, Sie sind am Verhalten von Tieren interessiert, dann würde Ihre Aussage wie folgt lauten:

Tiere
sensibel und sorgfältig
analysieren

Jetzt wissen Sie schon mal, **was** Sie zu bieten haben.

Wo wollen Sie Ihre Fähigkeiten einsetzen?

Tabelle 3

Menschen	Gegenstände	Informationen	Tiere
Ältere Menschen Angestellte Arbeiter Einzelpersonen Frauen Gruppen Junge Menschen Kinder Kranke Menschen Manager Männer Rentner Säuglinge Studenten	Gegenstände für Wohnbereich/Bürobereich Geräte – Elektronik Kommunikation Kunstgegenstände Materialen wie Holz, Papier, Pflanzen, Textilien, Tonwaren, Stoffe, Metall Medizinische Geräte Nahrungsmittel Sportgeräte Transportmittel	Analysen Bücher Computer Datenträger (wie Kassetten, CDs, Disketten) Internet Kataloge Projekte Untersuchungen Zeitschriften	Hunde Katzen Reptilien Vögel

Schauen wir uns einmal an, wo Sie Ihre Fähigkeiten einsetzen möchten. Dazu müssen Sie Ihre Interessengebiete und Ihre Lieblingsthemen beleuchten. Gehen Sie in sich und beantworten Sie die folgenden Fragen:

Welches sind Ihre liebsten Hobbys?

____

____

Welche Zeitschriftenartikel lesen Sie am liebsten?

Welche Zeitschriften (Mode, Einrichtung, Auto etc.) kaufen Sie regelmäßig?

Welche speziellen Abteilungen steuern Sie in den Buchhandlungen an?

Welche Kursthemen der angebotenen Volkshochschulprogramme würden Sie sich aussuchen?

Bitte überprüfen Sie Ihre Eintragungen und wählen Sie dann Ihre Lieblingsthemen aus. Drei von ihnen tragen Sie bitte in die *Mind Map* ein.

Diese drei Interessengebiete – für die Ihr Herz wirklich schlägt – *müssen* in Ihrer künftigen Tätigkeit vorkommen. Dann sind Sie wirklich mit dem Herzen dabei. Dann springen Sie morgens aus dem Bett und freuen sich auf den vor Ihnen liegenden Tag.

Ihre Fähigkeiten, also die Frage, was Sie zu bieten haben, und das Herausfinden Ihrer Lieblingsthemen ergibt das Berufsfeld, in dem Sie künftig arbeiten, und damit Ihre neue Berufsbezeichnung.

Sehen wir uns das nachfolgende Beispiel (S. 184) an. Meine eigene Analyse ergab Folgendes:

- Meine Fähigkeiten: analysieren, begeistern, beobachten, entwickeln, motivieren, reden, schreiben, zuhören

Meine Interessengebiete:
- **Psychologie**: Wechselwirkung zwischen Psyche und Körper; Selbstwert stärken
- **Gesundheitsthemen:** Selbstsorge und Selbstheilungskräfte aktivieren
- **Faszinierende Menschen**; Menschen, die sich durch ihre Biografie aus der Masse herausheben, die ihre eigenen Ideen entwickeln und ihr Bestes zum Ausdruck bringen. Menschen, die ihre »Individualität« gefunden haben und leben.

Da mein Interesse einer Gesellschaft gilt, welche die Förderung des Individuellen im Menschen höher schätzt als die Unterordnung in ein hierarchisches System, war es für mich wichtig, mich auch in der Berufswelt nicht unterordnen zu müssen und deshalb ist eine eigenverantwortliche, selbstständige Tätigkeit – als Best Ager Coach – von großer Wichtigkeit für mich.

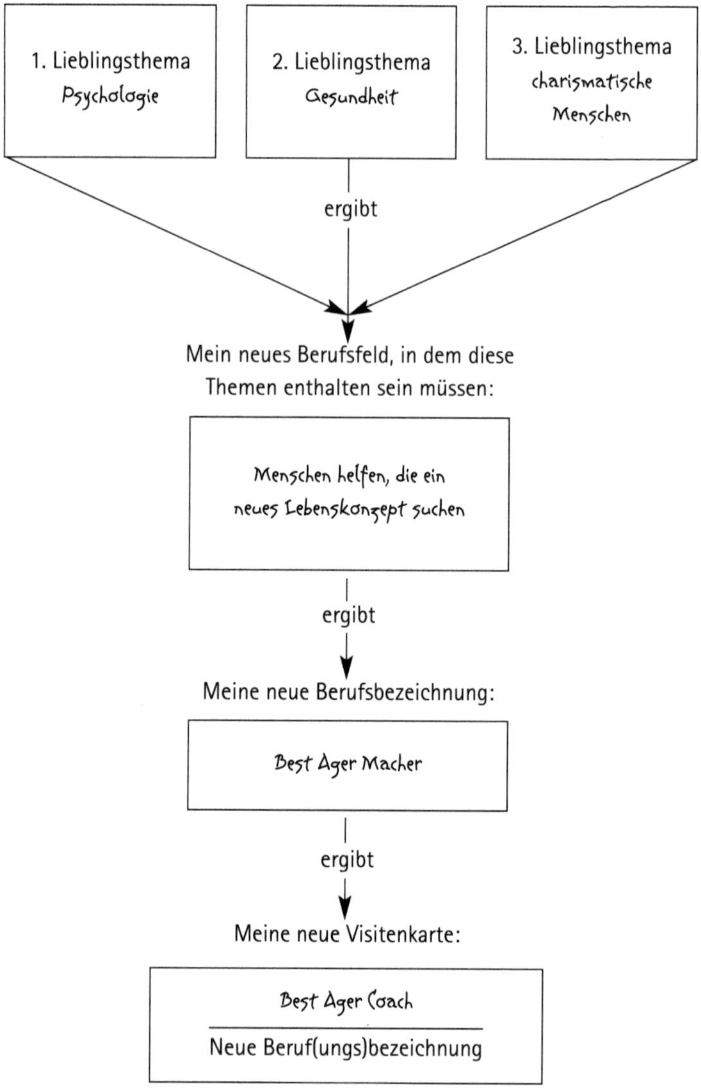
1. Lieblingsthema
Psychologie
2. Lieblingsthema
Gesundheit
3. Lieblingsthema
charismatische Menschen
ergibt
Mein neues Berufsfeld, in dem diese Themen enthalten sein müssen:
Menschen helfen, die ein neues Lebenskonzept suchen
ergibt
Meine neue Berufsbezeichnung:
Best Ager Macher
ergibt
Meine neue Visitenkarte:
Best Ager Coach
Neue Beruf(ungs)bezeichnung

Schauen wir uns noch ein anderes Beispiel an, von einer 52-jährigen Klientin aus Stuttgart, die heute ihr eigenes Unternehmen hat.

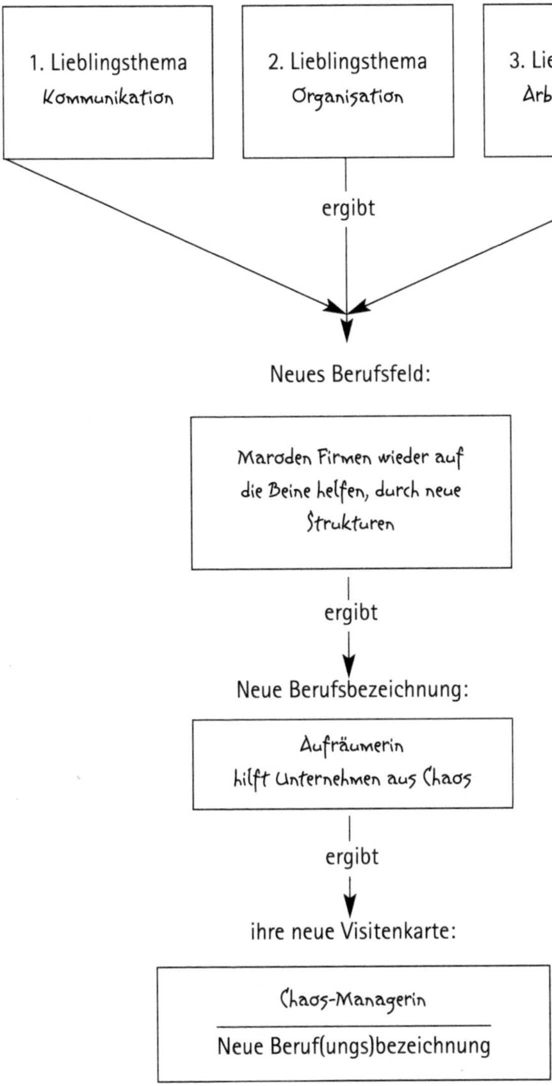

Hier sehen Sie Ihr eigenes, noch leeres Feld. Nutzen Sie es und tragen Sie mit Bleistift Ihre Ergebnisse ein:

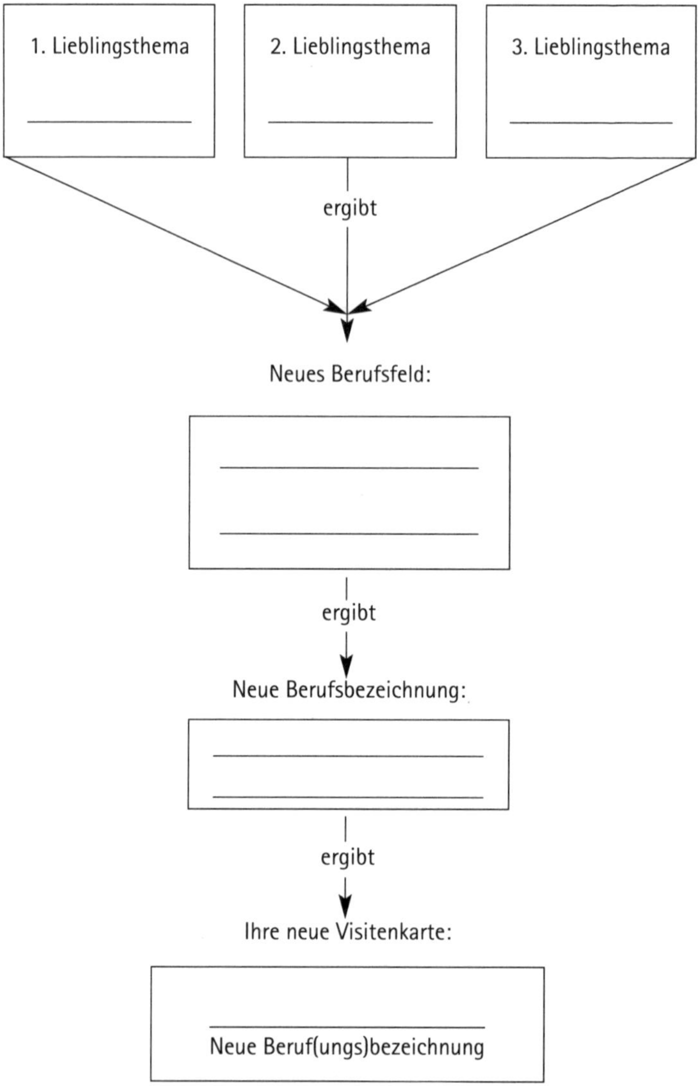

Würde der eine oder andere sich jetzt vorstellen und hätte diese Übung nicht gemacht, würde er vielleicht folgende Aussage über sich machen:
Ich bin Schullehrerin, wiege 65 kg und wohne in Frankfurt, bin verheiratet, habe drei Kinder ... etc.
oder:
Ich bin 41 Jahre und bin die Pfarrersfrau von Dieringen und singe im Kirchenchor.

Das sind alles keine Aussagen über Ihre Identität. Es sind keine Aussagen darüber, was Sie lieben und was Sie glücklich macht. Erinnern Sie sich noch, wie Gandhi sich vorgestellt hat. Er sagte: *»Ich bin der, der Indien gewaltlos befreien wird.«*

Was ich Ihnen noch sagen will: Es müssen keine exotischen Berufsbezeichnungen sein. Es geht ja eher um Ihre Berufung, um Ihre Aufgabe in dieser Welt als um eine schillernde »Amtsbezeichnung«. Die Unternehmerin aus Stuttgart würde sich vielleicht so vorstellen: *»Ich bin Chaos-Managerin und helfe Unternehmen schnell und effektiv aus der Patsche.«*

Wenn Sie Ihre zukünftige Tätigkeit zunächst nicht finden oder benennen können und Sie auf Anhieb keine zündende Idee haben, dann nehmen Sie Ihre *Mind Map* in die Hand und zeigen Sie sie Ihrem privaten Beraterkreis. Sie können sie jederzeit erweitern und auch völlig neuen Sparten einführen. Bolles schlägt sogar vor, Experten für Ihr jeweiliges Interessengebiet aufzusuchen, um ihnen das Diagramm, in dem Ihre drei Lieblingsthemen eingetragen sind, zu zeigen und diese Experten zu fragen, ob sie eine Idee hätten, wie man diese drei Themen zu einem Beruf oder Tätigkeitsfeld miteinander verbinden könnte. Als Beispiel gibt er die Interessengebiete: *Schreinern, Pflanzen* und *Psychiatrie* an; also sollte man zuerst einen Psychiatrieexperten aufsuchen und ihm das Diagramm vorlegen, danach die anderen Experten, und diese Art der Suche so lange fortsetzen, bis man herausgefunden hat, wie man seine drei Interessen unter einen Hut bringen kann.

Wenn Sie Ihre *Mind Map* ausgefüllt haben und Ihre neue Visitenkarte betrachten, auf der Ihre Berufung schwarz auf weiß steht, dann sollte Folgendes in Ihnen vorgehen:

- Sie sind ganz aufgeregt und müssen unentwegt darüber nachdenken
- Sie können abends nicht einschlafen, weil Sie sich ununterbrochen damit beschäftigen
- Sie würden gerne mit jemandem darüber reden, haben aber Angst, dass Ihnen jemand diese tolle Idee klaut
- Sie können es kaum noch abwarten, loszupreschen und anzufangen.

Sie dürfen aber nicht lospreschen, ohne den folgenden wichtigen Schritt getan zu haben – zu prüfen, ob das, was Sie künftig tun wollen, auch wirklich *Ihre* Sache ist. Näheres hierzu im folgenden Kapitel!

Ein neuer Blickwinkel

Aus dem Zusammentreffen von Talenten und Interessen entsteht das, was ich als Fundament für ein neues Lebens-Unternehmen bezeichne.

»Nichts auf der Welt ist so mächtig wie eine Idee, deren Zeit gekommen ist.«

Victor Hugo (1802–1885)

Dem eigenen Potenzial näher kommen

Sie müssen nun testen, ob das, was Sie künftig tun wollen, auch wirklich Ihre ureigene Sache ist. Sie müssen sozusagen einen Probelauf starten, um zu sehen, ob diese Tätigkeit auch wirklich Ihr Herz höher schlagen lässt. Gehen Sie auf Nummer sicher, denn es gehört sehr viel Mut dazu, sich auf eigene Beine zu stellen. Es ist immer mit einem gewissen Risiko verbunden, künftig alles in eigener Verantwortung zu machen. Bolles sagt dazu: *»Ihre Aufgabe ist es nicht, diesem Risiko aus dem Weg zu gehen – das können Sie gar nicht –, sondern sicherzustellen, dass das Risiko zu bewältigen ist.«* Ja, Sie könnten jetzt keinen größeren Fehler machen, als sich Hals über Kopf in neue Aktivitäten zu stürzen, nur um beschäftigt zu sein oder Geld zu verdienen. Sie können Ihre Fähigkeiten ja in vielen Bereichen einsetzen, aber ob dieser Bereich genau das ist, was Sie wollen, können Sie nur herausfinden, wenn Sie dort probeweise arbeiten. Ich will Ihnen anhand meiner eigenen Erlebnisse veranschaulichen, was ich damit meine. Entsprechend meinen Fähigkeiten und Interessen, mit Menschen zu arbeiten, entschied ich mich – mit Mitte 40 – im zweiten Anlauf für den Beruf der Ergotherapeutin. Ich meldete mich für eine dreijährige Ausbildung an einer Privatschule an. Da ich lieber mit älteren Menschen arbeiten wollte als mit Kindern oder Jugendlichen begab ich mich vor Schulbeginn auf die Suche nach einer Praktikumsstelle in einer geriatrischen Rehabilitationsklinik. Ich hatte Glück und konnte in einer nahe gelegenen Klinik ein mehrmonatiges Praktikum absolvieren. Nach relativ kurzer Zeit hatte ich die Chance – wohl auch aufgrund meiner psychotherapeutischen Ausbildung und meiner Ausbildung als Heilpraktikerin mit ehemals eigener Praxis –, ziemlich selbstständig in der Gruppentherapie tätig zu sein. Ich betreute eine kleine Gruppe von Patienten, deren körperliche und geistige Beeinträchtigungen relativ gering waren, um ihnen zu helfen, die Verrichtungen des täglichen Lebens wieder selbstständig durchzuführen. Ich war in ein nettes, hilfsbereites Team von Ergotherapeutinnen eingebunden und ich habe noch nie während meines berufstätigen Lebens so viel gelacht und Spaß gehabt wie in dieser Zeit, sowohl mit den »Kolleginnen«, denen ich assistieren durfte, als auch mit den Patienten. Ich sah dort aber auch viel Leid und Kummer. Menschen, die nach einem Schlaganfall nie wieder ihr Zuhause gesehen haben, sondern direkt nach der Rehaklinik in ein Pflegeheim kamen und nichts von dem, was ihre persönliche Heimat, ihre Zuflucht ausgemacht hatte, mitnehmen konnten. Ich erlebte den Abschied von einer Frau, um die ich mich sehr gekümmert hatte, um ihr geringes Selbstwertgefühl zu stärken – sie klammerte sich an mir fest und weinte bitter, bevor sie von den Pflegern in ein Pflegeheim gebracht wurde. Ich werde die verzweifelten Augen dieser Frau nie mehr in meinem Leben vergessen. In meinem Innersten ahnte ich, dass ich, wenn ich mit so viel Elend und Kummer konfrontiert würde, es nicht verkraften könnte. Ich wusste, dass all meine Bemühungen als spätere Ergotherapeutin den Fluss von leidenden Menschen nicht zum Versiegen bringen würden – es wäre wie der sprichwörtliche Tropfen auf dem heißen Stein.

Obwohl man mir in Aussicht stellte, nach dem Abschluss der Ausbildung zurückkommen zu können, um die zwei Klinikjahre abzuleisten (sie waren Pflicht, wenn man eine eigene Praxis eröffnen wollte), entschied ich mich gegen die Ausbildung. Für diese Erfahrung, die ich in der Klinik machte, bin ich ewig dankbar; sie hat mich davor bewahrt, eine falsche Entscheidung zu treffen und mir eine langjährige kostspielige Ausbildung erspart. Ich habe gespürt, dass meine Aufgabe mehr darin besteht, den Menschen »vor-sorgend« zu helfen, also zu helfen, gar nicht erst krank zu werden. Mein Ansatz besteht heute darin, nach wie vor für (ältere) Menschen mit ihren Problemen da zu sein, aber mehr im Bereich Aufklärung und Vorsorge, damit es zu schweren gesundheitlichen Beeinträchtigungen gar nicht erst kommt.

Wenn Sie Ihre neue Berufung gefunden haben, informieren Sie sich, wer in diesem Bereich schon tätig ist und versuchen Sie, dort einen Termin zu bekommen. Fragen Sie nach, welche Fähigkeiten und welches Fachwissen Sie benötigen, um in dieser Branche bestehen zu können. Es hat aber wenig Sinn, wenn Sie ein Unternehmen fragen, das gleich um die Ecke ist – Sie werden vermutlich keine ehrliche Auskunft erhalten, weil man Ihre Konkurrenz fürchtet. Nehmen wir an, Sie wollten einen Secondhand-Laden für Kindersachen eröffnen. Sie sollten Ihre Recherche dann mindestens 50 km von Ihrem Standort entfernt durchführen. Ich persönlich würde Ihnen empfehlen, zusätzlich für mindestens sechs Wochen ein Praktikum in dem Unternehmen zu machen, in dem im Bereich Ihres Interessengebietes gearbeitet wird. Wenn Sie an ein solches Unternehmen herantreten und überzeugend darstellen, dass Sie eine wertvolle (kostenlose) Entlastung sein werden, anstatt eine kostspielige Belastung, können Sie Ihre Recherche hautnah abschließen. Nach sechs Wochen werden Sie wissen, ob Sie sich richtig entschieden haben und ob Sie in dieser Branche arbeiten wollen.

Erfolg ist kein Zufall. Und es ist nicht die Willkür des Schicksals, die erfolgreiche und erfolglose Unternehmungen unterscheidet. Es gibt gültige, logische Handlungsmuster und ganz bestimmte Richtlinien, deren Einhaltung dazu führt, ob etwas funktioniert oder nicht. Jeder Geschäftsgründer sucht immer nach einer »Marktlücke« in der Geschäftswelt, nach etwas, was es noch nicht gibt, um erfolgreich eine Nische zu besetzen. Sie können sich aber auch auf Bewährtes verlassen: Sie können davon ausgehen, dass ein Geschäft, welches z.B. in Osnabrück Erfolg hat, auch an vergleichbaren anderen Orten erfolgreich sein wird. Sie müssen nur wissen, wie Sie Ihre Fähigkeiten am besten einsetzen, um Ihrem Potenzial näher zu kommen. Aber die beste Erfolgsstrategie nützt Ihnen wenig, wenn Sie Dinge tun, die mit Ihren inneren Werten nicht übereinstimmen. Tun Sie aber die richtigen Dinge, wird der Erfolg nicht ausbleiben. Sie müssen nur wissen, wie es geht – Informationen hierzu erhalten Sie gleich unten.

Bolles gibt auch hier einen sehr wertvollen Hinweis: *»Das Geheimnis des Erfolges liegt in der Formel A – B = C.«* »A« bedeutet, diese Fähigkeiten **müssen** vorhanden sein, »B« heißt, Sie **haben** diese Fähigkeiten. Nun müssen Sie »B« von »A« abziehen und erhalten »C«. »C« heißt laut Bolles nichts anderes, als dass Sie für »C« geeignetes Personal **brauchen,** weil Sie über diese Fähigkeiten nicht selbst verfügen. Oder Sie eignen sich diese fehlenden Fähigkeiten selbst an. Ich habe der Einfachheit halber genau mit diesen Begriffen die einzelnen Tabellen gekennzeichnet. Damit Sie auf einen Blick sehen, was damit gemeint ist.

Jetzt müssen Sie wieder zu Bleistift und Papier greifen. Sie müssen aufschreiben, welche Fähigkeiten und welches Fachwissen Sie benötigen, um in Ihrem neuen Berufsfeld zu arbeiten. Tragen Sie diese Informationen in die Spalte »MUSS« ein. In die Spalte »HABEN« tragen Sie ein, welche dieser Anforderungen Sie bereits erfüllen. In der Spalte »BRAUCHEN« stehen nun die Fähigkeiten und das Fachwissen, das Ihnen fehlt oder das Sie erlernen müssen oder für das Sie sich Fachpersonal einstellen müssen.

Schauen Sie sich folgendes Beispiel an. Eine Frau hat jahrelang in einer Änderungsschneiderei gearbeitet und will sich jetzt selbstständig machen. Sie hat festgestellt, dass sie sich schon immer für historische und nostalgische Kostüme interessiert hat und möchte künftig ihre Arbeiten Theatern, Funk und Fernsehen anbieten.

MUSS –	HABEN =	BRAUCHEN
Erforderliches Fachwissen und Fertigkeiten, die man haben muss, *um das gewünschte Unternehmen erfolgreich zu führen*	*Fachwissen und Fertigkeiten, die ich bereits* habe	*Fachwissen und Fertigkeiten, die ich nicht besitze, aber* brauche. *Ausführung evtl. durch Dritte*
Präzises Arbeiten mit Stoffen und Textilien	Präzises Arbeiten mit Stoffen und Textilien	
Anfertigung von Skizzen	Anfertigung von Skizzen	
Zeichnerisches Können	Zeichnerisches Können	
Räumliches Vorstellungsvermögen	Räumliches Vorstellungsvermögen	
Handwerkliches Geschick	Handwerkliches Geschick	
Kreativität und Sinn für Ästhetik	Kreativität und Sinn für Ästhetik	
Computerbenutzung für Recherche im Bereich historischer Kleiderepochen		Computerbenutzung für Recherche im Bereich historischer Kleiderepochen

MUSS –	HABEN =	BRAUCHEN
Umfassendes Wissen in folgenden Bereichen:	Umfassendes Wissen in folgenden Bereichen:	Umfassendes Wissen in folgenden Bereichen:
• Stoffe	• Stoffe	
• textile Materialien	• textile Materialien	
• Formen	• Formen	
• Farben	• Farben	
• Proportionen	• Proportionen	
• Verarbeitung von Textilien	• Verarbeitung von Textilien	
• Buchhaltung		• Buchhaltung
• Designentwicklung am Computer		• Designentwicklung am Computer
• Marketing-Strategien		• Marketing-Strategien

Wie Sie sehen, muss sie für die Arbeiten, die in der Spalte »BRAUCHEN« stehen, Fachpersonal finden oder sie sucht Geschäftspartner mit ähnlichem Interesse; sie sollten die nötige Kenntnisse besitzen, die ihr fehlen, dafür aber ein Defizit in kreativer Schneiderarbeit haben, das sie wiederum abdecken kann.

Nehmen wir ein anderes Beispiel. Angenommen, Sie sind Mitte 50, sehen ganz gut aus und verfügen über eine charismatische Ausstrahlung. Ihre Karriere als Mutter haben Sie längst hinter sich gelassen und Sie sind auf der Suche nach etwas Neuem. Glaubt man dem Bericht der Fernsehsendung *Frau TV*, hätten Sie gute Aussichten, eine neue Karriere zu starten: als Model! Denn die Wirtschaft hat die älteren Käufer entdeckt und ins Visier genommen. Denn mit mehr als 30 Millionen Konsumenten zählen die über 50-Jährigen zu der größten Bevölkerungsgruppe. Sie besitzen mehr als 60% des frei verfügbaren Kapitals und werden in den nächsten Jahren 3 Billionen Euro erben. Glänzende Aussichten für die Anbieter und Grund genug, diese Käuferschicht kräftig zu umwerben. Und weil eine 25-Jährige kaum glaubhaft für eine Antifaltencreme werben kann, brauchen die Werbeagenturen ältere Models: Frauen der Generation 50+ haben gute Chancen auf eine zweite Karriere, denn das Angebot ist hierzulande noch etwas dünn – so lautet die Kernaussage des Fernsehberichtes. Die Moderatorin von *Frau TV* beruft sich auf Renate Günther-Green von der Werbeagentur Grey, die zum Teil sogar Models aus Amerika einfliegen lässt, um den Bedarf zu decken.

Weiter heißt es in der Sendung, dass die Vermittlung der Models hauptsächlich von privaten Agenturen betrieben wird. Wer sich bei einer Agentur bewerben möchte, sollte sich mit einem Portrait und einem Ganzkörperfoto vorstellen oder mit einer Setkarte. Die Kosten einer Setkarte hängen vom Aufwand und vom Umfang der erstellten Karte ab. Für den Fotograf und den Druck müssen Sie mit ca. 500 Euro rechnen. Auf der Setkarte sollte ein Portrait des Models abgebildet sein und es in verschiedenen Lebenssituationen zeigen. Nach erfolgreicher Vermittlung kassieren die Agenturen von den Models ca. 20% Provision. Doch Vorsicht ist bei der Auswahl der Agenturen geboten, denn praktisch jeder darf heute so eine Agentur eröffnen, warnt die Moderatorin. Bevor Anfängerinnen Geld für Setkarten ausgeben oder für dubiose Leistungen bei privaten Agenturen bezahlen, können sie sich auch kostenlosen Rat bei den Künstlerdiensten der Arbeitsämter holen. Die Vermittler und Vermittlerinnen beurteilen anhand der Fotos, ob eine Bewerberin sich auch wirklich als Model eignet. Falls das der Fall ist, wird die Anfängerin zu einem Gespräch eingeladen. Dort bekommt sie auch handfeste Tipps zur Erstellung einer Setkarte und Adressen von Fotografen. Außerdem verhilft der Künstlerdienst Models und Mannequins zu einem Engagement. Zudem sparen sich die Models beim Künstlerdienst die 20% Provision, die bei einer privaten Agentur fällig wäre. Über den Künstlerdienst kann ein Model ca. 820 bis 920 Euro pro Tag verdienen.

Angenommen, ein Künstlerdienst würde im Auftrag einer Messeagentur Models – sagen wir mal für die Lifestylemesse »WIR« – suchen. Das Model soll Besucher zwischen 40 und 60 Jahren ansprechen. Nehmen wir weiter an, Sie wären daran interessiert, als Model zu arbeiten. In der nachfolgenden Tabelle können Sie nun alles eintragen, was Sie benötigen bzw. welche Kriterien zu erfüllen sind, um sich als begehrtes Model auf dem immer größer werdenden Markt der Best Ager zu etablieren.

Da Sie die vorher genannten Bedingungen kennen, die ein Model erfüllen sollte, ist es ein Leichtes für Sie, alle Spalten auszufüllen. Üben Sie ruhig ein wenig, damit Ihnen das Ausfüllen leicht von der Hand geht, wenn Sie die für Sie passende Geschäftsidee gefunden haben.

MUSS –	HABEN =	BRAUCHEN
Erforderliches Fachwissen und Fertigkeiten, die man haben **muss**, *um ein erfolgreiches Model zu werden*	*Fachwissen und Fertigkeiten, die ich bereits* **habe**	*Fachwissen und Fertigkeiten, die ich nicht besitze, aber* **brauche**. *Ausführung evtl. durch Dritte*

Sobald Sie wissen, was Sie tun wollen, können Sie von einer neuen Geschäftsidee, der so genannten Visitenkartenparty profitieren. Ein neues Business-Event-Konzept, um Unternehmer und Unternehmen aus den unterschiedlichsten Bereichen zusammenzubringen. Dadurch entstehen Netzwerke und Kooperationen zwischen Firmen und nicht zuletzt können auch neue Kunden gewonnen werden. Die Veranstalter der Visitenkartenparty ermöglichen es den Gästen, in lockerer und ungezwungener Atmosphäre neue Geschäftskontakte über alle Branchengrenzen hinweg zu knüpfen. Unten finden Sie einen Hinweis, wie Sie in Kontakt treten können – entweder durch das Internet oder Sie wenden sich schriftlich oder telefonisch an die Firma, um nähere Informationen zu erlangen, vor allem, ob in Ihrer Nähe eine solche Visitenkartenparty stattfindet.

Außerdem finden Sie jede Menge Literatur zum Thema »Existenzgründung« und oft werden auch von den Arbeitsämtern oder den ansässigen Industrie- und Handelskammern (IHK) kostenlose Seminare durchgeführt.

Eines möchte ich Ihnen noch besonders ans Herz legen: Schaffen Sie sich einen Computer an, sofern Sie noch keinen haben. Lernen Sie damit umzugehen. Fast jede Volkshochschule bietet Kurse an. Das Internet ist ein Tor zur Welt. Dort können Sie sich unglaublich viele Informationen holen. Auch Informationen darüber, welche Fähigkeiten Sie für bestimmte Berufsbilder benötigen. Dort gibt es Suchmaschinen wie z.B. »Google«, bei der Sie einfach einen Begriff eingeben und schon haben Sie eine Flut von Informationen.

Außerdem können Sie mittels Ihres PCs in Kontakt mit anderen Gleichgesinnten treten – und das in Sekundenschnelle.

Und keine faule Ausrede: Sagen Sie bitte nicht, Sie seien zu alt dazu oder Sie verstehen diesen »ganzen modernen Kram« nicht. Überwinden Sie sich und gehen Sie diese Sache unverzüglich an!
Welchen Schritt Sie auch immer als Erstes angehen: Jetzt wissen Sie, *wie* Sie es tun können!

Ein neuer Blickwinkel

Jetzt haben Sie das Rüstzeug. Nutzen Sie es.
Jetzt ist die richtige Zeit dafür!

»Tu, was du kannst, mit dem, was du hast,
wo immer du bist.«

Theodore Roosevelt (1858–1919)
amerikanischer Präsident

Klick-Tipp:

Visitenkartenparty: Info über Arndt Aschenbeck, Telefon (0 40) 1 92 94 25 oder (01 79) 1 32 05 79; e-mail: aschenbeck@visitenkartenparty.biz; www.vistenkartenparty.biz

Künstlerdienste: Die Adressen sind in den jeweiligen Städten beim Arbeitsamt zu erfragen. www.arbeitsamt.de

Suchmaschine (eine!) für Infos aus dem Internet: www.google.de

Vision und Mission

Werfen Sie einen Blick auf die Seite, auf der Sie Ihre neue Visitenkarte kreiert haben. Das, was Sie darauf lesen, muss Sie ausfüllen, es muss Sie begeistern! Es muss in Ihnen das Gefühl erwecken, endlich »zu Hause« angekommen zu sein.

Visionen zu entwickeln heißt, unserem Leben einen neuen Sinn zu geben. Sie bringen uns mit unseren tiefsten Wünschen in Verbindung und mit unserer Einzigartigkeit in Kontakt und fordern uns auf, dafür zu sorgen, dass wir unseren eigenen Weg gehen um unser einzigartiges Potenzial zu verwirklichen. Manchmal gehen wir einige Umwege und brauchen mehrere Jahre, um zu erkennen, wohin der Weg führt. Wir können Umwege vermeiden, wenn wir uns auf unsere Talente und Interessen konzentrieren. So empfiehlt auch Anita Roddick, die 1976 ihren ersten Body-Shop-Laden eröffnet hat, wenn sie an Wirtschafts-Universitäten Vorträge hält: *»Wenn ihr Geld verdienen wollt, führt eure Talente und Interessen zusammen – aber bleibt eure eigenen Chefs!«* Hätte Anita Roddick nicht nach diesen Prinzipien gehandelt, hätte sie ihre Vision nicht in die Wirklichkeit umsetzen können. Sie dachte nicht im Traum daran, jemals ein internationales Unternehmen aufzubauen. Sie wollte lediglich ihre Idee verwirklichen und sich und ihre zwei Töchter nach der Trennung von ihrem Mann damit ernähren. Sie hatte verschiedene Berufe ausgeübt, sie war Lehrerin und Restaurant- und Hotelbesitzerin gewesen. Sie hatte die Welt bereist und sich in verschiedenen Projekten für Frauenrechte eingesetzt und gegen Menschenrechtsverletzungen und Tierversuche gekämpft. Nach ihrer Eheschließung hatte sie mit ihrem Mann zunächst verschiedene Unternehmen gegründet, um sich und die Familie über Wasser zu halten. Alle Unternehmungen scheiterten. Erst ihre Idee, ihre Erfahrungen, die sie bei noch ursprünglich lebenden Völkern sammeln konnte, umzusetzen, brachte den großen Erfolg. Auf ihren Reisen beobachtete sie, wie die einheimischen Frauen natürliche Substanzen benutzten, um daraus Pflegemittel für Haut und Haare herzustellen. Sie sammelte Rezepte und entwickelte mit Hilfe eines Drogisten, der für wenig Geld sein Wissen und seine Technik zur Verfügung stellte, 25 Naturprodukte für den Körper. Ihre Vision – sie war geradezu besessen von der Idee –, etwas Besonderes anzubieten, das es noch nicht gab, wurde für sie zu ihrer Mission. Sie hatte all ihre Interessen und Talente – sich für den Erhalt von Natur und Umwelt einzusetzen und Probleme zu lösen – unter einen Hut gebracht und ist damit Multimillionärin geworden. Auf der ganzen Welt entstanden so an die 1900 Body-Shops.

Verfolgt man die Biografien erfolgreicher Menschen, so stellt man fest, dass es nicht immer einen steilen Aufstieg zum Gipfel des Erfolges gibt, sondern dass viele mit Niederlagen zu kämpfen hatten. Wieder aufzustehen, die Vision nicht aus den Augen zu verlieren und von vorne zu beginnen – das ist eine Überlebenstechnik, die sich viele Firmengründer auf die Fahne geschrieben haben. So auch Anita Roddick.

Egal, ob Sie jetzt ein Mensch sind, der gerade sein Rentenalter erreicht hat, oder in den besten Jahren vorzeitig in den Ruhestand geschickt wurden; ob Sie eine Frau sind, die nach vielen Jahren wieder etwas für sich selbst tun will oder ob Sie noch einmal umsatteln wollen: Für den einen oder anderen, der sich einen neuen Lebenssinn erschließen will, wird es nötig sein, sich von Vorurteilen – wer wir sind und was wir können – zu befreien. Auch die Angst zu scheitern sollten wir hintenan stellen. Leben wir immer noch gemäß den festgelegten Vorstellungen und Glaubenssätzen aus früheren Zeiten oder aus unserer Kindheit – dass etwas so sein muss, wie es jetzt ist –, kann es sein, dass wir uns einiges nicht zutrauen, wozu wir eigentlich fähig wären. Andererseits kann die Verwirklichung einer Vision daran scheitern, dass wir grandiose Vorstellungen von unseren Fähigkeiten haben, denen wir aber nicht durch entsprechende Leistungen gerecht werden. Darum ist das Schlüsselwort *wollen.* Napoleon Hill, der den Erfolgsklassiker: *»Denke nach und werde reich«* geschrieben hat, bezeichnet eines von den 13 Erfolgsgesetzen – *das auf etwas Brennen* – als ein wichtiges Attribut, um eine Vision zu einer Mission werden zu lassen. Dazu zählen auch – wie im Falle von Anita Roddick – Entschluss und Ausdauer, auch das Hinfallen und wieder Aufstehen.

Wir müssen uns lösen von der Vorstellung, dass wir den einmal erlernten Beruf für alle Zeiten ausüben oder dass wir uns ab einem bestimmten Lebensjahr zum Nichtstun verdammen lassen. Alles ist im Wandel begriffen, wir leben in einer schnelllebigen Zeit. Menschen wechseln mehrmals ihre Wohnorte, Berufe, Partner und Gewohnheiten. Ich selbst habe bis heute in drei verschiedenen Bundesländern gelebt und insgesamt drei Mal einen völlig neuen Beruf erlernt. Und nun bin ich dabei, neben der Beratung für Best Ager meine seit Jahren verschütteten Kenntnisse in der Hämatologie (Lehre des Blutes) wieder auszugraben, um Ihnen – wie bereits im Kapitel *Verhaltensmuster hinterfragen* aufgezeigt – die Gelegenheit zu geben, Ihre eigene Gesundheitsvorsorge nach Betrachtung Ihrer Blutfauna mit Ihrem Arzt oder Heilpraktiker zu betreiben. Denn wie ich Ihnen ja bereits erklärt habe, muss die psychische Gesundheit und die physische Gesundheit Hand in Hand gehen. Gott sei Dank begegnet man immer wieder Menschen, die ihre Kenntnisse zum Wohl der Menschheit – und nicht nur zum Wohle des eigenen Geldbeutels – zur Verfügung stellen. So hat mir Ekkehard Scheller während der Recherche zu diesem Buch seine Unterstützung und Mitarbeit in seiner Praxis angeboten. Mit dem Erlernen der Dunkelfeldmikroskopie des Blutes habe ich endlich ein mess- und überprüfbares Instrument an der Hand, mich auf kostengünstige und nebenwirkungsfreie Weise an der Gesundheitsvorsorge beteiligen zu können. Ich hoffe, dass ich auch auf diesem Gebiet segensreich für andere wirken kann.

Denn eins zieht sich wie ein roter Faden durch mein Leben: Das ist meine Begeisterung, mit der ich mich der Herausforderung stelle, vollkommen neue Wege zu gehen und »alte Probleme« mit neuen Mitteln und neuen Ideen zu lösen. Meine Liebe gilt besonders älteren Menschen, insbesondere wenn diese Probleme haben, zu deren Linderung ich beitragen kann, und deren Selbstwert ich stärken kann. Schon als junges Mädchen wollte ich eigenständig arbeiten. Wollte mein eigenes Geld verdienen und davon leben und – vor allem – eigene Entscheidungen treffen. Daran hat sich bis heute nichts geändert. Auf meinem eigenen Weg habe ich selbst viele Momente der Hilflosigkeit erfahren, bin an meine Grenzen gestoßen, aber das hat mir auch geholfen, Phasen von Einseitigkeit in meinem Denken und Phasen von missionarischem Eifer abzulegen und es gelang mir, mich deshalb nicht als Opfer (widriger) Umstände zu fühlen. Vorangetrieben hat mich der Wunsch, meine privaten Bedürfnisse und meine beruflichen Ziele immer wieder neu ge-

geneinander auszubalancieren; ich wollte eine zukunftsfähige Basis haben, die es mir ermöglichen sollte, häusliche und familiäre Bedürfnisse ebenso zum Zuge kommen zu lassen wie meine Verwirklichung in der Welt. Und ich bin sicher, dass ich mein Leben und meine Ziele immer auf ihre Stimmigkeit überprüfen werde. Auch ich habe mich davor gefürchtet, Konsequenzen zu ziehen und in eine neue Richtung zu gehen. Mein Leben hat sich Mitte 40, als ich meine »sichere« Arbeitsstelle aufgab, um 180 Grad gedreht. Mir war auf einmal klar, dass eine Arbeit mit Menschen, die in irgendeiner Form psychologisches und pädagogisches Geschick, einen klaren, analytischen Geist sowie Intuition erfordert, für mich Sinn gebend sein könnte. Ich musste es einfach tun!

Wenn ich von etwas wirklich überzeugt bin, steht mir fast grenzenlose Energie zur Verfügung, um wichtige Anliegen und Projekte voranzutreiben und durchzusetzen. Natürlich gab es auch Momente, in denen ich mich dafür verflucht habe; wenn Lampenfieber und Erwartungsdruck vor öffentlichen Auftritten mich fast in die Knie zwangen, dann habe ich mir oft gedacht: »Warum sitzt du nicht zu Hause bei einem guten Buch, anstatt hier von einem Panikanfall in den nächsten zu schlittern.« Dann aber hätte ich meinen eigenen Lebenssinn verleugnet und es hätte mich nicht den Menschen da draußen näher gebracht, die ebenfalls auf einem ungewöhnlichen Lebensweg unterwegs sind.

Meine Mission ist es, Menschen, die in der Mitte ihres Lebens angekommen sind, zu helfen, Orientierung zu finden. Ihnen psychologischen Beistand zu leisten. Ihnen zu helfen, ihre Gesundheit zu erhalten. Ihren Selbstwert zu stärken. Sie zu motivieren, ihr Lebens-Unternehmen neu zu planen. Es gehört auch zu meiner Vision, Menschen darin zu unterstützen, sich in Netzwerken zusammenzuschließen, um sich gegenseitig eine Hilfe zu sein. Ein Netzwerk im gesamten deutschsprachigem Raum, als Anlaufstelle für Menschen, die sich beruflich und privat weiterentwickeln wollen.

Vielleicht gehören Sie zu den Menschen, die sagen: *»Ich möchte meine Erfahrung weitergeben«* oder *»Ich habe wertvolle Fähigkeiten, die ich andere lehren möchte«*, dann lade ich Sie herzlich ein, an diesem Netzwerk aktiv mitzuarbeiten. Netzwerkarbeit bedeutet auch Gruppenarbeit; Gruppenarbeit heißt, sich gegenseitig auf seinem einzigartigen und individuellen Weg weiterzuhelfen – und nicht, in Konkurrenz zueinander zu treten.

Wenn es mir gelingt, wenigstens in einem meiner Leser eine Vision zu entwickeln, die seine Begeisterung entfacht, dann ist meine Mission erfüllt.

Ein neuer Blickwinkel

Das ist hier die wichtigste Frage: Ist Ihre Vision so stark, dass Sie sie in die Realität umsetzen **müssen**?

»Außergewöhnliche Menschen gehen nicht ganz einfach zur Arbeit. Sie haben ein Mission.«

Aus: *»Strategie 2000«*, *»Starke Worte für starke Zeiten«*, Millennium Vision Medien GmbH

Aufbruch – neue Wege, neue Ziele

Mit Ihrer Vision in der »Tasche« haben Sie jetzt die Weichen für die Zukunft gestellt. Jetzt können Sie einsteigen in den Zug, der Sie in eine neue Zukunft bringt. Gestatten Sie sich, jederzeit auch wieder umzusteigen oder auch auszusteigen und sich eine neue Wegstrecke auszusuchen. Nichts muss endgültig und für die Ewigkeit sein. Sie entwickeln sich weiter und damit auch Ihr Leben!

Vielleicht gibt es immer wieder Lebensabschnitte, in denen Sie zaudern. Weil Sie glauben, dass gerade jetzt der falsche Zeitpunkt ist, neue Wege zu gehen. Oder Sie halten Ihre Lebenssituation gerade jetzt für ungünstig, um sich selbstständig zu machen! Vielleicht befürchten Sie sogar einen Gesichtsverlust vor Freunden und Familie, falls die Sache schief geht! Zeit, Geld und Energien zu investieren, um dann vielleicht doch vor dem Nichts zu stehen!

Vielleicht wollen Sie lieber doch noch einmal die Anzeigen in den Tageszeitungen studieren? »*Sie sind zuverlässig, belastbar, flexibel und unermüdlich? Ein 14-Stunden-Tag ist für Sie kein Problem?*« Nein! Sie wollen keinem Dritten mehr beweisen, dass Sie diese Qualitäten besitzen! Nur noch sich selbst. Diese Eigenschaften werden Sie nur noch in Ihre eigenen Unternehmungen investieren.

Und seien Sie sich bewusst: Wir leben immer in Zeiten, in denen ein Neuanfang als risikoreich angesehen wird. So hat Antony Fedrigotti in seinem Buch *»Zum Erfolg geboren«* einmal zusammengetragen, welche Grundstimmungen es offensichtlich in den verschiedenen Zeitepochen gab:

»Unsere Welt ist degeneriert. Bestechung und Korruption sind an der Tagesordnung. Die Kinder gehorchen ihren Eltern nicht mehr. Das Ende der Welt ist offenbar nahe.«

Die Aussage wurde 2800 v. Chr. in Assyrien in eine Steintafel geritzt.

An anderer Stelle heißt es: *»Wir leben in einem unglücklichen Zeitalter. Der Kapitalist ist seines Besitzes nicht sicher. Der Arbeiter ist mit seiner Lage unzufrieden. Das Berufsleben ist voller Enttäuschungen ...«*

Diese Aussage wurde 1897 im *»New Englander«* veröffentlicht.

Und zum Schluss noch ein Zeitungsausschnitt aus dem *»Atlantic Journal«* von 1833: *»Die Welt ist zu groß geworden für uns. Es geschieht zu viel – zu viele Verbrechen, zu viel Gewalt und Aufregung. Wie sehr man sich auch abmüht, man bleibt im Rennen zurück. Es ist ein unaufhörlicher Kampf mitzuhalten ... und doch verliert man immer mehr an Boden ...«*

All diese Aussagen haben auch heute im dritten Jahrtausend ihre Gültigkeit. Wer mehr an Hindernisse denkt als an Fortschritt und Erfolg oder wie das Kaninchen vor der Schlange sitzt, weil er da draußen Unheil und Chaos wittert, wird sein Leben nicht mehr aktiv in die Hand nehmen. Wer aber über die

Zukunft nachdenkt und nicht über die Probleme, die sich ihm in den Weg stellen können, wird eher mit den sich wandelnden Lebenssituationen fertig.

Ob man sich nun das Rauchen abgewöhnen will oder nie wieder einen Schluck Alkohol oder Kaffee trinken will – oder ob man alle Sicherheitsnetze zerreißt, um eine neue berufliche Karriere zu starten –, jeder durchläuft verschiedene Stadien, die durch Rückfälle oder Stagnationen gekennzeichnet sind, und meist gelingt der neue Weg in die Zukunft erst in mehreren Anläufen. In einem Artikel der Zeitschrift *»Psychologie Heute«* hat die Verfasserin und Autorin Ursula Nuber die interessante Arbeit eines Professorenteams in den Vordergrund gestellt, bei der es um die erfolgreiche Umsetzung von Selbstveränderung geht. Die Psychologieprofessoren James Prochaska, John Norcross und Carlo DiClemente haben in zahlreichen Studien mit Tausenden von Teilnehmern gelungene Veränderungsprozesse untersucht. Das Ergebnis ihrer Studien fassten sie im »transtheoretischen Modell« zusammen. Es beinhaltet, dass eine erfolgreiche Selbstveränderung nur gelingt, wenn die Person sechs Stadien der Veränderung durchläuft. Das Expertenteam ist sich einig, dass zu viele Menschen nach einfachen Lösungen suchen und dass es keine Wunderpillen oder Wunderpläne gibt, damit nicht alles beim Alten bleibt. *»Veränderungswillige müssen durch alle Stadien gehen, gleichgültig ob sie sich das Trinken abgewöhnen, ihre Ängste überwinden oder Gewicht verlieren wollen«*, so das Professorenteam.

Ich stelle Ihnen jetzt die einzelnen Stufen eines Veränderungsprozesses vor und ich bin sicher, dass Sie die eine oder andere Stufe bereits durchlaufen haben und dass Ihnen manches bekannt vorkommt.

Die erste Stufe ist: **Abwehren**
Man hat Angst vor Veränderungen und will alles so lassen, wie es ist. Viele streiten ab, überhaupt ein Problem zu haben und lehnen jede »Einmischung« von außen ab. Auf die Thematik dieses Buches bezogen, könnten z. B. folgende Aussagen als typische Abwehrmechanismen gewertet werden:

- Mir fehlt die Ausbildung für meinen Traumjob
- Ich bin zu alt oder zu jung dazu
- Mein Gesundheitszustand ist zu schlecht für einen Neuanfang
- Mir fehlen die Kontakte
- Ich habe ja doch keine Chance.

Viele verschließen die Augen vor einer unbefriedigenden Lebenssituation und sind zu bequem, sich mit der Frage nach dem Sinn ihres Lebens auseinander zu setzen. Oft benutzen wir nur faule Ausreden und sind mehr auf unsere Schwächen als auf unsere Stärken fixiert.

Die zweite Stufe ist: **Bewusstwerden**
Vielen wird jetzt bewusst, dass sie unglücklich sind, sei es mit ihrem Gewicht, ihren Ess- und Trinkgewohnheiten, ihrem Lebensstil oder mit ihrem Leben überhaupt. Meist fallen einem bei einem Nachdenken über Veränderungsmöglichkeiten aber mehr Nachteile als Vorteile ein, wie wir ja zu Beginn des Kapitels schon besprochen haben: *»Oh, der Zeitpunkt ist ungünstig«, »Nein, jetzt muss ich mich erst noch um … kümmern, bevor ich beginne«.* Oder: *»Wenn ich mich jetzt beruflich neu orientiere, fühle ich mich zwar besser, aber finanziell wird es eng.«* Die Phase der Bewusstwerdung führt auch häufig zur Lähmung, so die Experten Prochaska und Co. Vielleicht ist einfach noch

nicht der richtige Zeitpunkt für eine Veränderung gekommen, so ihre Meinung.

Die dritte Stufe ist: **Vorbereiten**

Irgendwann scheint der richtige Zeitpunkt dafür gekommen zu sein, sich mehr mit der Zukunft als mit der Vergangenheit auseinander zu setzen. Mehr und mehr konzentriert man sich auf Lösungen als auf das Problem. In dieser Phase weiß der Veränderungswillige, welche konkreten Schritte er unternehmen will. Immer mehr reift die Vision von einem Leben ohne Süchte, von einem Leben ohne Ängste und Depressionen. Man kann sich schon vorstellen, wie es ist, gesund, voller Energie und erfolgreich durchs Leben zu gehen. In der Vorbereitungsphase ist dieser motivierende Blick in die Zukunft unabdingbar und man muss ihm oberste Priorität einräumen. Der Wille zur Veränderung muss unser gesamtes Denken und Fühlen durchdringen. *»Veränderung erfordert Energie, Anstrengung und Aufmerksamkeit. Sie sind so lange nicht bereit für die nächste, aktive Phase, solange nicht der Veränderungswunsch an oberster Stelle Ihrer Prioritätenliste steht«*, warnen die Experten Prochaska, Norcross und DiClemente. Auch Freunde und Bekannte in die Pläne einzuweihen ist von Bedeutung und gibt dem Ganzen eine gewisse Verbindlichkeit, so die Autorin Ursula Nuber.

Die vierte Stufe ist: **Handeln**

Je konkreter der Plan, desto besser gelingt das Handeln. Meist beginnen die Veränderungswilligen damit ihre Zigaretten zu verschenken oder die Wohnung zur süßigkeitsfreien Zone zu erklären oder – wie in unserem Fall – sich z.B. nach einer Praktikumsstelle umzusehen; oder was auch immer Sie als Best Ager anstreben und Sie in die Aktivität treibt, zum Handeln bringt. In der Arbeit des Expertenteams wird auch darauf hingewiesen, dass viele Menschen schon Handeln an sich mit Verändern gleichsetzen und dass dadurch Rückfälle vorprogrammiert sind. Je besser die Vorbereitungsstufe, desto dauerhafter ist die Veränderung.

Die fünfte Stufe ist: **Dranbleiben**
Jeder, der es bereits bis zu dieser Stufe geschafft hat, hat festgestellt, dass es ohne Rückfälle kaum zu bewerkstelligen war. Die größten Gefahren für das neue Leben bestehen in

- *sozialem Druck*: Wenn man z.B. das Glas Alkohol oder die fette Gans beiseite schiebt. *»Ein kleines Glas Sekt oder ein Stück Kuchen werden dich wohl nicht umbringen. Fang halt morgen wieder an!«* So oder ähnlich lauten die Kommentare von guten Freunden oder Familienmitgliedern.
- *Überschätzung der eigenen Willenskraft*: So sollte man sich nicht gerade mit der Person zum Abendessen treffen, mit der man gerade die schwierige Trennung geschafft hat.
- *Stresssituationen:* den Arbeitsplatz verloren, einen Autocrash verursacht, den besten Freund an die beste Freundin verloren und schon greift man zu beruhigenden Suchtmitteln wie Zigarette, Alkohol oder Pralinen.

Rückschläge gehören zu jedem Veränderungsprozess, trösten die Experten. Darauf sollte man vorbereitet sein und sich nicht als Versager fühlen. Meist wird man sogar ein oder zwei Stufen zurückgeworfen und beginnt wieder auf Stufe zwei: der Vorbereitung. Fast alle, die den Prozess der Veränderung erfolgreich durchlaufen haben, durchliefen den Veränderungszyklus mehrere Male – einige sogar fünf Mal, bevor sich der Erfolg einstellte. Selbstvorwürfe sind also nicht angebracht. Die meisten Menschen kämpfen jahrelang, ehe sie die beste Lösung für ihr Problem finden, so die Erfahrung der Professoren.

Die sechste Stufe ist: **Stabilisieren**
Wenn das neue Verhalten in Fleisch und Blut übergegangen und ein fester Bestandteil des Lebens geworden ist, sind die alten Verhaltensweisen endlich überwunden. Leider erreicht nicht jeder die Stufe des Stabilisierens. Wir wissen, dass viele Alkoholiker ein Leben lang »dranbleiben« müssen und Alkohol immer wieder zur Versuchung werden kann. Auch ehemalige Raucher oder ehemals Fresssüchtige dürfen nicht mehr in das alte Verhalten zurückfallen, um ihren Erfolg nicht zu gefährden.

Egal, ob man nun die letzte Stufe erfolgreich meistert oder immer wieder von vorne beginnt, eins ist allen Menschen, die das Stufenprogramm durchlaufen, gemeinsam: Veränderung kann eine Identitätskrise auslösen. Man muss das Gewohnte, das Vertraute hinter sich lassen und sich quasi in eine neue Person verwandeln. Wie schwierig das für die Betroffenen sein kann, haben die vielen Beispiele in diesem Buch gezeigt. Die Artikelverfasserin zitiert den französischen Schriftsteller Anatole France, der meinte: *»Allen Veränderungen, selbst jenen, die wir ersehnt haben, haftet etwas Melancholisches an; denn wir lassen einen Teil von uns selbst zurück; wir müssen ein Leben sterben, ehe wir ein anderes beginnen können.«*

Wie auch immer man die Sache angeht – mit oder ohne »transtheoretischem Modell« –, es gibt und gab immer Menschen, die jede Zeitströmung – auch Zeiten großer Arbeitslosigkeit – für sich genutzt haben und mit Fantasie, Mut und Zuversicht den Blick nach vorne gerichtet haben. Professor Dieter Frey, renommierter Arbeitspsychologe an der Universität München hat den Satz vom »zukunftsorientierten Optimismus« geprägt und meint: *»Wer ihn bewusst kultiviert, hat beste Aussichten auf Erfolg.«*

Natürlich sollen Sie nicht Kopf und Kragen riskieren, aber Sie müssen raus aus der Deckung, hinein ins Leben. Werden Sie sichtbar. Konzentrieren Sie sich auf die Menschen, die Ihnen helfen können. Schreiben Sie E-Mails, telefonieren Sie, laden Sie die Personen zum Essen ein, die Ihnen mit Rat und Tat zur Seite stehen können. Dreht sich Ihr Problem zum Beispiel um die Vereinbarkeit von Familie und Beruf, so reden Sie mit jemandem, der diese Schwierigkeiten aus eigner Erfahrung kennt und gemeistert hat.
Ergreifen Sie beherzt die Initiative!

Sie haben doch die Fragen nach dem WAS, WO, WIE geklärt, oder? Und Sie wissen, welche Schritte Sie zuerst unternehmen müssen! Gehen Sie langsam vor. Investieren Sie nicht sofort in eine teure Ausstattung. Starten Sie Ihr Comeback. Das ist selbst mit 50, 60 oder 70 Jahren noch möglich, wie Sie im Kapitel *»Dem eigenen Potenzial näher kommen«* gesehen haben. Werden Sie Chef oder Chefin eines Unternehmens, dem eine Ware gehört: Sie selbst! Erschaffen Sie beim Aufbau Ihrer Firma ein eigenes Produkt oder eine eigene Dienstleistung. Entwickeln Sie Ihren unverkennbaren Stil. Zeigen Sie, wer Sie sind und dass Sie etwas können und verkaufen Sie dies auch.

Wenn Sie ein ängstlicher Typ sind und Ihrer Sache nicht sicher sind, planen Sie. Planen Sie alles bis ins Letzte. Wie Sie anhand der Arbeit des Professorenteams Prochaska, Norcross und DiClemente gesehen haben, ist die Vorbereitung das A und O jeden Erfolgs. Versuchen Sie sich alle möglichen Folgen, Hindernisse und Rückschläge vorzustellen, die Ihre harte Arbeit zunichte machen könnten. Dann können Sie kaum noch von Zufällen überrascht werden. Bestimmen Sie die Zukunft mit, indem Sie weit vorausdenken. Machen Sie eine Liste und stel-

len Sie die Vorteile und Nachteile der geplanten Veränderung einander gegenüber.
Was überwiegt? Sicher die Vorteile!

Und kultivieren Sie Ihr eigenes Ich-Management. Es wird Ihnen helfen, die erforderlichen Schritte zu gehen. Was unter Ich-Management genau zu verstehen ist und wie so ein ideales Ich-Management mit Vorbildcharakter aussehen kann, zeigt das Beispiel einer interessanten Persönlichkeit im nächsten Kapitel.

Ein neuer Blickwinkel

Jeder Schritt in Richtung Ihres Zieles wird Sie stärken und Ihnen das gute Gefühl geben, auf dem Weg zu sein. Auch kleine Schritte führen zum Ziel!

»Was immer du tun kannst oder wovon du träumst –
fang damit an.
Mut hat Genie, Kraft und Zauber in sich.«

Johann Wolfgang von Goethe (1749–1832)

Ich-Management

Es ist Hillary Clinton, von der wir lernen können und deren Beispiel mir hier dabei hilft, den Begriff »Ich-Management« zu verdeutlichen. Denn nichts scheint mir so gut auf ein erfolgreiches »Ich-Management« hinzuweisen wie die jetzige Lebenssituation von Hillary Clinton. Als ich ihre Biografie gelesen habe, wurde mir sehr schnell klar, dass die Karriere bzw. die Lebensgeschichte von Hillary Clinton bestens dazu geeignet ist, Ihnen zu zeigen, was ich darunter verstehe.

Nein, keine Angst, Sie müssen nicht Senatorin werden! Oder gar das Präsidentenamt anstreben, was man Hillary Clinton mittlerweile zutraut.
Für mich ist sie ein Vorbild, wie man Schwäche in Stärke umwandeln kann und aus Niederlagen letztendlich einen Sieg herausholt. Sie hat ihre eigene Karriere als eine der wenigen großen Staranwältinnen der USA aufgegeben, um ihren Mann darin zu unterstützen, seine politische Karriere zu starten: vom Gouverneur zum Präsidenten der Vereinigten Staaten von Amerika. Sie ist in den Hintergrund getreten, hat perfekt die First Lady gespielt und für viele Jahre den Ehrgeiz, der in ihr brannte, auf Eis gelegt. Aus der bebrillten, hausbacken und intellektuell wirkenden Hillary wurde ein herzlich lächelnder, erblondeter, Kontaktlinsen tragender Superstar.

Nach der Affäre ihres Mannes mit Monica Lewinsky hat sie sich wieder auf sich selbst konzentriert. Das Blatt hat sich gewendet. In dem Moment, in dem seine politische Karriere am Ende war und sie für ihn nichts mehr tun konnte, hat sie perfektes Ich-Management betrieben. Obwohl sie vor der ganzen Welt als gutgläubige, betrogene und belogene Ehefrau da stand, hat sie sich nicht versteckt, sondern hat den Spieß umgedreht und wurde vom Opfer zum »Täter«. Sie wurde tätig in eigener Sache: Sie wurde wieder sie selbst. Auf ihrer Europatournee hat sie allen gezeigt, dass ihr persönliches Engagement, ihre Stärke, ihre Fähigkeiten, ja, ihr Lebenssinn – ihre politische Mission – höher zu bewerten sind als Bitterkeit und Hass gegen die Menschen, die sie verletzt haben. Ihr Buch *»Gelebte Geschichte«* wurde zu einem Bestseller und sie hat darin ohne falsche Bescheidenheit klargestellt, welchen Anteil sie – aufgrund ihrer Disziplin, ihres eisernen Willens und ihres politischen Instinktes – an der Karriere ihres Mannes hatte. Damit hat sie auf subtile und sehr geschickte Art und Weise gezeigt, dass sie zu mehr in der Lage ist, als nur die Frau im Hintergrund zu sein oder sich bei Bedarf verletzt und beleidigt in den hintersten Winkel zurückzuziehen. Nein, sie hat ihren Machtanspruch ganz deutlich zum Ausdruck gebracht. Kämpferisch, strategisch und diplomatisch. Das ist perfektes Ich-Management!

Aus der monatelangen Schlammschlacht über die Sexangelegenheiten ihres Mannes, die über alle Fernsehkanäle in die Wohnzimmer der gesamten Weltbevölkerung getragen wurde, ging sie wie Phönix aus der Asche hervor. Sie ist ausgestiegen aus der Opferrolle, hat den Griff zum Topjob gewagt und plötzlich ist sie die starke Politikerin. Und plötzlich traut man ihr sogar das mächtigste Amt der Erde zu.
Sie konnte sich auf ihre Stärken besinnen und hat damit ihrem Leben eine ganz neue Richtung gegeben.

Ich-Management bedeutet, sein Licht nicht unter den Scheffel zu stellen. Und zu einem gekonnten Ich-Management gehört es auch, eine Strategie zu entwickeln, die den Weg aus privaten und beruflichen Miseren weist.

Um erfolgreiches Ich-Management betreiben zu können, muss man sich darüber im Klaren sein, was man will. Wenn Sie die nachfolgenden Fragen aus dem Effeff beantworten können, haben Sie die Weichen für die Zukunft gestellt. Dann wissen Sie, wo's langgeht! Also:

Warum bin ich hier?
Wer bin ich?
Was ist das große Ziel in meinem Leben?
Was will ich wirklich?
Was ist mein Lebenssinn?

Doch Ihr **Ich-**Management darf nicht bei der Klärung der Sinnfrage aufhören. Dazu gehört auch, das Bewusstsein für Ihren Körper zu stärken, so wie es im zweiten Teil des Buches unter *Umsteigen* beschrieben ist. Auch Ihre Gesundheit bedarf des Ich-Managements. Ein gesunder Körper wird Ihnen zu mehr Wachstum, Lebensfreude, Harmonie und Erfolg verhelfen. Beginnen Sie zuerst mit Ihrem Körper-Management. Das ist die Basis für die Harmonie von Körper, Geist und Seele sowie der Wertschätzung der eigenen Persönlichkeit. Daraus entwickeln sich Selbstvertrauen, Leistungswille, Kreativität, Überzeugungskraft, Lernfähigkeit, Integrität und Zuversicht in Bezug auf die eigene Zukunft.

Denn ein gesunder Körper bedeutet auch einen aktiven Geist. Wer geistig fit ist, ist meist auch gesund, attraktiv und selbstbewusst. Auf der anderen Seite setzt ein gesunder Körper vermehrt geistige Energien frei – ein Kreislauf, der entscheidend ist für persönliche und berufliche Erfolge. Deshalb kann das eine kaum ohne das andere funktionieren.

Schauen Sie sich die Pyramide (Seite 219) an, die Ihnen den besten Weg zum Best Ager und zum Ich-Management zeigt. Hier sind noch einmal alle Begriffe aufgeführt, die Ihnen den Weg in ein Leben als Best Ager leicht machen. Bis auf wenige Ausnahmen sind alle Begriffe im Buch erklärt worden. In der Zeile, die mit »Bewegung« beginnt, finden Sie Begriffe wie z.B. »Yoga« oder »Flexibar«. Das sollte Sie neugierig machen. Vielleicht probieren Sie gerade jetzt einmal Ihre Kenntnisse im Internet aus und geben diesen Begriff »Flexibar« in die Suchmaschine ein. Diese Aktion – auch neugierig zu bleiben – wird Sie nicht nur körperlich, sondern auch gleistig fit halten.

Wenn Sie Ihr eigenes Lebens-Unternehmen managen wollen, müssen Sie auch Ihren eigenen Körper managen können. Falls Sie nicht wissen, wie, delegieren Sie. Es ist keine Schande zu delegieren. Delegieren Sie Ihr Ich-Management an Profis und lassen Sie sich zeigen, wie Sie als Best Ager geistig und körperlich in Bestform kommen und übernehmen Sie dann für den Rest Ihres Lebens die Verantwortung für Ihr eigenes Leben. Das ist Ich-Management!

Ein neuer Blickwinkel

Aus dem Schatten der eigenen Geschichte heraustreten und »öffentlich« werden.

»Reagiere klug, selbst wenn man dich unklug behandelt.«

Laotse, aus dem »Tao-Te-King«

Pyramide
Ich-Management Zum Best Ager

Best

I c h -

Selbstsorge ☺

Eigeninitiative ☺

Heiß-Wasser-Kur ☺ Teilfasten

Ernährung ☺ Montignac ☺ Trenn-

Reduzierung tierisches Fett ☺ wenig

Bewegung ☺ Walking ☺ Jogging ☺ Muskel-

Margit-Burkhart-Training ☺ Immun gegen

Leben entrümpeln ☺ Wohnung von Altlasten befreien

Gesundheit: Chefsache ☺ Immunität stärken ☺

Sinn gebendes Lebenskonzept entwickeln ☺ Interessen

Lebensziel visualisieren ☺ Vision und Mission entwickeln

Ager

Management

Identität ☺ Selbstwert

Individualität ☺ Originalität

☺ Heilfasten ☺ Ölziehtherapie

Kost/De Lenard ☺ Blutgruppendiät

Alkohol ☺ Streichung weißer Zucker

Training ☺ Stretching ☺ Flexibar ☺ Yoga

Altern und Verfall ☺ Wasserbotschaften senden

☺ Freundschaften überprüfen ☺ 10-Jahres-Ziel

Homöopathie ☺ Ayurveda ☺ TCM ☺ Ja(hr) fürs Leben

mit Talenten verbinden ☺ Neue Visitenkarte entwerfen

☺ Mut zum Glücklichsein haben ☺ Bedingungslos leben

Mut zum Glücklichsein

Wir müssen lernen – auch in der Lebensmitte –, Ansprüche an uns und an das Leben zu stellen. Es gibt genügend Herausforderungen und sie bieten sich uns geradezu an. Jeder Mensch hat Fähigkeiten und Aufgaben, das wissen wir jetzt. Zu diesen Aufgaben gehört vorrangig herauszufinden, wer man ist und was man will, sich selbst wirklich zu leben und anzuerkennen. Es gibt so unendlich viele Menschen, die in der zweiten Lebenshälfte in einer Lebenskrise stecken und sich sagen: *»Ich sehe überhaupt keinen Sinn mehr in meinem Leben«.* Viele glauben, das Glück hat sie verlassen. Oft bedeutet Glück nichts anderes, als zu sich selbst zu finden, den Mut zu haben, das Leben neu zu entdecken. Sich anderen Menschen zuzuwenden, ihnen Hoffnung, Zuversicht und Vertrauen und Geborgenheit zu vermitteln. Und das auch selbst vermittelt zu bekommen. Eine tiefe Sehnsucht, die in jedem steckt.

In der Modezeitschrift *Vogue* wurden die »großen Designer« dieser Zeit befragt, was Glück für sie bedeutet. Da hört man Aussagen wie diese: *»Mein Beruf, der mir einen schönen Lifestyle ermöglicht.«* Ein Modeschöpfer meint: *»Mich beglückt Qualität – besonders die des Lebens. Machen zu können, was mir gefällt. Zeit zu haben ...«* Eine Münchner Schmuckdesignerin meinte: »... *Was ich allen Menschen auf dieser Welt wünschen würde: Man müsste das Wissen darum, was einem wirklich gut tut, in die Wiege gelegt bekommen. So könnte man sich viel Zeit und Enttäuschungen sparen.«* Die Aussage einer weiteren Modedesignerin: *»Alles und jeder hat seinen Preis – außer dem inneren Luxus des Seins, des Respekts und der Selbstachtung. Ich lebe in dem Glück, alles erreicht zu haben, was ich mir wünsche – im Privatleben wie im Beruf.«*

Die Aussagen haben eines gemeinsam: Im Mittelpunkt steht, sein Leben nach dem eigenen Rhythmus und nach den eigenen Vorstellungen leben zu können. Auffallend: Das größte Glück scheint für alle darin zu bestehen, eine Arbeit zu tun, die man liebt. Und dieses Glück hat sich für viele erfüllt.
Glück gründet sich ganz wesentlich auf der Art des Lebens, die man für sich wählt. Materielles Glück dürfte bestenfalls ein Teil davon sein.

Stefan Klein, der Autor des Buches *»Die Glücksformel«* berichtet in einer Fernsehsendung von Untersuchungen zum Thema Glück. Es wurden zwei verschiedene Menschengruppen beobachtet: Die eine Gruppe kam unverhofft zu finanziellem Reichtum, während die andere Gruppe aus Menschen bestand, die nach schwerer, fast aussichtsloser Krankheit wieder ihre Gesundheit zurückerhalten hatten. Ich glaube, ich brauche Ihnen nicht zu erzählen, welche Gruppe letztendlich »glücklicher« war.

Wie sehr das Glück von einer gewählten Lebensform abhängt, zeigt mir der Fall eines Mannes im Bekanntenkreis einer meiner Freundinnen. Er wurde vor zwei Jahren pensioniert. Erst freute er sich, endlich den Schikanen seiner jungen Kollegen, die ja alles besser wussten, entronnen zu sein. Nach einem Jahr begann er sich wie der Volkserzieher in Person zu benehmen. In fanatischer Mission begann er jeden von seinem »Besserwissen« zu überzeugen, so als ob nur er im Besitz der alleinigen Wahrheit wäre, von der er keinerlei Abweichung duldete. Weder die Familie noch der Freundeskreis konnte es ihm recht machen. Nachdem er sich – völlig unverstanden – in sein Schneckenhaus zurückgezogen hatte, entwickelte er Rückenschmerzen, die ihn daran hinderten, den Sport, einer der wenigen noch von ihm ausgeübten Aktivitäten, nachzugehen. Dr. Sarno, der Verfasser des Buches: *»Von Rückenschmerzen befreit. Wie der Geist den Körper heilt«* würde zu der gleichen Aussage kommen wie in Tausenden von ähnlich gelagerten Fällen: *»... seine Probleme sind nicht in seiner Wirbelsäule zu suchen, sondern in seinem Leben.«*

Wobei hier ganz klar gesagt werden muss, dass die Schmerzen tatsächlich vorhanden sind und keine Einbildung sind. In seinem Buch zeigt Dr. Sarno anhand aktueller Fallbeispiele, warum häufig Spannungen und unterdrückte Gefühle wie Ärger, Wut und Angst chronische Rückenschmerzen verursachen. Er zeigt, wie viele Menschen sich selbst – ohne Übungen und Physiotherapie – von Rückenschmerzen geheilt haben, nachdem ihnen der genauere Zusammenhang ihrer Rückenprobleme mit Stress und anderen psychischen Faktoren bewusst geworden ist. Gründe dafür, tagtäglich Ärger, Stress und Wut zu produzieren, gibt es genug im Leben, die wir uns oft lieber nicht eingestehen wollen – wie zum Beispiel eine unglückliche Ehe, Sorgen mit den Kindern, Angst um den Arbeitsplatz oder der Verlust desselben, das Betreuen einer alten Person etc.

Ich selbst habe es am eigenen Leibe erlebt, wie sehr unterdrückte Emotionen Schmerzen verursachen können und wie relativ einfach man sich von den Schmerzen befreien kann, wenn man die Vorgänge versteht.
Der Schlüssel liegt in der Bewusstmachung des eigentlichen Problems. Aber in einer Welt, in der jeder perfekt dastehen will, würden sich die wenigsten eingestehen wollen, überhaupt ir-

gendwelche Probleme zu haben. Und schon gar nicht, dass man darunter leidet, keinen Sinn im Leben zu haben. Vielen ist es auch nicht einmal bewusst.

Bereits am Anfang des Buches habe ich Ihnen viele Beispiele gegeben, *»wie mentale und emotionale Zustände – auf gute oder schlechte Weise – auf alle Organe und Systeme des Körpers einwirken und diese verändern können«*, um es hier noch einmal mit Dr. Sarnos Worten zu verdeutlichen.
In vielen Fällen wäre es besser, die Menschen darin zu unterstützen, mit den Realitäten ihrer Situation umgehen zu lernen, anstatt ihnen starke Schmerzmittel oder Tranquilizer zu verabreichen, die sie noch mehr ins soziale Aus manövrieren und die ihnen nicht dabei helfen, ihre Probleme anzugehen.

Gerne würde ich Ihnen die Lektüre des Buchs von Dr. Sarno empfehlen, aber leider ist es in der deutschen Übersetzung nicht mehr erhältlich.

Um zu dem Bekannten zurückzukommen: Solange er sich in seinem Schneckenhaus verkriecht, solange schwindet auch sein Interesse an der Welt. Das Festhalten an diesem Zustand führt zu Stillstand und Erstarrung. Erst das Vertrauen in sich selbst und der Mut, nach außen zu gehen, werden seine Sorgen und Ängste vertreiben und vielleicht die Einsicht bringen, dass Glück etwas ist, das in ihm entsteht und dass es keine Ungerechtigkeit des Schicksals ist, wenn es ihm abhanden gekommen ist. In ihm müsste das Vertrauen entstehen, dass die Welt da draußen, so wie sie ist, auch ihm eine Fülle von Möglichkeiten bietet. Sich wieder dem Leben zuzuwenden, weiterzugehen, wieder auf der Suche zu sein, denn Leben bedeutet auch, auf der Suche zu sein – das wäre sein Therapeutikum. Und sein Glück!

Glück ist ein emotionaler Zustand. Das bedeutet: Glücklichsein kann man lernen. Ja, Sie können Ihr Glück selbst machen! Glück ist keine Frage des Schicksals oder des Zufalls. Das ist ein Irrglaube. Glück entsteht aus uns selbst. Aus unserer Gesundheit, aus unseren Zielen, aus unserer Tätigkeit und aus unserer Fähigkeit, Visionen im Leben zu haben, Ziele zu visualisieren und zu realisieren. Glück ist ein Gefühl, eine Art Optimismus, der sich in einem ausbreitet, wenn man die eigene Existenz als erfüllend erlebt.

Es gehört sicher Mut dazu, an irgendeinem Zeitpunkt seines Lebens zu erkennen, dass die momentan gewählte Lebensform der aktiven Verwirklichung eines glücklichen Lebens im Wege steht. Wir müssen uns selbst in den Allerwertesten treten und uns bewusst machen, dass *wir* etwas tun müssen, um dem Glück auf die Sprünge zu helfen, damit es zu uns kommt. Dazu gehört Mut!

- Mut zum Glücklichsein bedeutet, aktiv zu werden und sich klar zu werden, wer man ist und was man will.
- Mut zum Glücklichsein bedeutet, Ansprüche an sich und an das Leben zu stellen.
- Mut zum Glücklichsein bedeutet, seine Spezialität zu entwickeln und seine Träume zu verwirklichen.
- Mut zum Glücklichsein bedeutet, die Selbstsorge für die eigene Gesundheit zu übernehmen.
- Mut zum Glücklichsein bedeutet, konsequent Ich-Management zu betreiben und seinen Selbstwert zu pflegen.

Das Glück ist bei Ihnen, wenn Sie Ihr Leben so gestalten, dass Sie aus vollem Herzen »JA« dazu sagen können. Es ist nicht nur auf den Menschen als Person bezogen, sondern auch auf seine sozialen Netze: Glück beinhaltet die guten Beziehungen innerhalb der Familie, im Freundeskreis und in der Gesellschaft. Was nicht bedeutet, dass man nicht auch manchmal Beziehungen aufgeben muss, die man nicht positiv gestalten kann und die einem schaden. Damit dieses soziale Netz keine Löcher zeigt und im Gesamtgefüge eine harmonische Einheit bildet, gehört die Arbeit an sich selbst, an seiner Seele, die Arbeit am Zusammenleben mit anderen Menschen unabdingbar dazu. Das heißt wiederum nicht, dass kein Schatten auf das Leben eines Menschen fallen darf und nur so pures Glück definiert werden darf. Keiner von uns ist vor Schicksalsschlägen gefeit. Zum Leben gehört auch das Scheitern, das Misslingen, Widerstände und Komplikationen dazu. Damit umzugehen, trotzdem nach vorne zu blicken und aus jeder misslichen Lage das Beste zu machen, bedeutet Lebenskunst und somit Glück.

Das Leben ist gelungen, wenn wir unsere Existenz als eine beglückende wahrnehmen. Wenn wir den Sinn unseres Lebens begriffen haben. Ja, überhaupt das Glück empfinden, *am Leben zu sein!*
Dafür müssen wir den Mut aufbringen, etwas zu tun – täglich, ein Leben lang.

Ein neuer Blickwinkel

Lieben Sie Ihr Leben!

»Je früher der Mensch gewahr wird, daß es ein Handwerk, daß es eine Kunst gibt, die ihm zur geregelten Steigerung seiner natürlichen Anlagen verhelfen, desto glücklicher ist er.«

Johann Wolfgang von Goethe (1749–1832)

Literaturtipp:
Stefan Klein: *Die Glückformel*

Bedingungslos leben

Eigentlich müsste man zufrieden sein: Man hat einen guten Job. Man arbeitet gerne. Mit den erwachsenen Kindern versteht man sich gut. Zu der eigenen Ursprungsfamilie verbindet einem ein herzlicher Kontakt. Man ist kulturell interessiert, besucht Theater und Konzerte und pflegt ein offenes Haus, in dem Freunde und gute Bekannte jederzeit willkommen sind. Und doch schleicht sich von Zeit zu Zeit ein Gefühl der inneren Leere ein. Es ist so, als schwebe man in einer Art Grauzone! Ist weder Fisch noch Fleisch. Weder jung noch alt. Keine Gefahr mehr, sich in Luftschlössern zu verlieren. Der große Abenteuerdrang von einst weicht auf tieferer Ebene einem Wissen um einen Bereich, der mit dem Verstand alleine nicht fassbar ist und nicht in Worte gekleidet werden kann. Manche Einsichten, die einem auf einmal in den Sinn kommen, scheinen aus der Tiefe des eigenen Wesens zu stammen und doch nach außen hin schwer vermittelbar zu sein. Zwei Welten scheinen aufeinander zu treffen, die ein seelisches »Aua« verursachen; denn die erste Welt – aus dem bestehend, was man in der ersten Hälfte des Lebens geworden ist – kollidiert mit der zweiten Welt, von der man nun eine Ahnung hat. Das Ganze versetzt uns in Unruhe, weil wir nicht wissen, wie diese Welt aussehen wird.

Es ist, als würde die Schale, die uns seit Kindertagen umhüllte, Risse bekommen. Ausschlüpfen aus der Geborgenheit der Jugend, hinein in die Lebensmitte.

Nur, sind wir reif dazu?

Peter Orban, den ich bereits erwähnt habe, vertieft das Verständnis für diesen Übergang im Leben eines Menschen. Er erläutert, dass sich die meisten Menschen in den ersten 30 bis 40 Jahren ihres Lebens irgendeiner Zugehörigkeit wie Familie, Ehe, Firma, Verein befinden und somit auch eine gewisse Geborgenheit haben. Sie leben wie in einem Kokon oder einer Eihülle, eingehüllt in Schutz und Sicherheit. Er stellt dieser Lebenssituation die Initiation gegenüber, die Riten von primitiven Völkern, um Kinder im Alter von 13 Jahren in die »Freiheit« des Erwachsenenalters zu entlassen. Dort werden die 13-Jährigen in der Wildnis ausgesetzt. Kamen sie nicht zurück, waren sie tot, kamen sie zurück, waren sie erwachsen! Viele der 50-Jährigen unseres Kulturkreises – Männer wie Frauen – sind weder frei noch bewusst erwachsen geworden. Das Loslösen oder Ent-Binden aus der Kindheit erfolgt oft erst in der Lebensmitte und löst bei vielen einen riesengroßen Katzenjammer aus, der sie bis auf die Grundfesten erschüttert.

Erst wenn wir unseren eigenen Weg gehen, losgelöst aus der Geborgenheit, ohne den lebenslangen Schutz der Eltern oder den fest gefügten Strukturen einer Firma, Vereins etc., können wir ein eigenständiges Individuum werden, das *»seinen eigenen Weg geht und emotional weder den anderen zu bleiben erpresst noch selbst emotional erpressbar ist«*, so Orban.

Vielleicht ist jetzt die Zeit gekommen – jetzt, da Sie dieses Buch in der Hand halten –, sinngemäß aus dem Ei zu schlüpfen und sich auf eine neue Entwicklungsphase vorzubereiten. Sich gewahr zu werden, dass ein Thema unseres Lebens einfach abgeschlossen ist und zu wissen, dass wir nicht zurück können. Orban sieht das so: *»Du bist ausgeschlüpft, und es ist am Anfang kalt, aber das gehört – wie du weißt – zum Erwachsenwerden. Mit der Zeit wird dir zunehmend mehr Stärke zuwachsen, und deine Seele wird ›befiedert‹ werden. Das ist – nach Platons Worten – das Wichtigste, was einer Seele passieren kann.«*

Für viele eine schwierige Zeit, wenn der eigentliche Höhepunkt des Lebens als schrecklicher Tiefpunkt erlebt wird. Ein Grund für dieses Gefühlschaos mag darin bestehen, dass man sich mit aller Macht gegen die körperlichen Veränderungen stemmt, weil man seinen Eigen-Wert nur in der äußeren Attraktivität sieht. Lässt sie nach, fühlt man sich wertlos. Oder man hat sein Leben zu sehr im Außen geführt, ist von einer Aktivität zur anderen gehetzt und hat sich selbst dabei übersehen.

Vielleicht entwickelt der eine oder andere eine tiefe Sehnsucht, sich mehr der Innen- als der Außenwelt zu widmen, sich nicht mehr durch das Business jagen zu lassen, sich so zu sehen, wie man ist und nicht mehr, wie man sein möchte.
Mehr Zeit mit sich zu verbringen, ruhiger zu leben, bewusster zu leben, anderen zu helfen, soziale Aufgaben zu übernehmen, Bewegung an der frischen Luft, Dinge zu lassen, um gelassener zu werden – das alles kann Anti-Aging für die Seele sein.
Bei aller Panik und bei allem Festhalten an Gewohntes, vergessen wir oft, dass der Aufbruch in einen neuen Lebensabschnitt auch Gewinn mit sich bringen kann. Der Mensch, der sich mit seinem Schicksal verbindet, findet seinen Frieden, so Peter Orban.

Die Verbindung der beiden Pole – hier der Pol der Vernunft und der Ordnung und dort jener des Wissens und der Weisheit, welche einer höheren Quelle entspringt – gelingt, wenn beide Pole gleichberechtigt nebeneinander existieren können. Das kann heilsame Impulse auslösen und uns gelassener in die Zukunft blicken lassen.

Auf die »Galerie« zu gehen, den Blick frei zu haben, um auf das eigene Leben herabzublicken, ist jetzt vielleicht sinnvoll. Zu erkennen, ob die eigene Entwicklung den Vorstellungen vom Leben entspricht; zu erkennen, da man das für sich Mögliche tut, damit man dazu stehen kann: zum eigenen Leben.
Nehmen Sie sich Zeit. Verschaffen Sie sich einen Überblick. Bedenken Sie, dass alles, was Sie jetzt tun, Konsequenzen für die besten Jahre Ihres Lebens hat.

So gerne ich Ihnen auch helfen möchte, Sie kommen nicht umhin, den Sinn Ihres Lebens selbst zu suchen und zu finden. Sie müssen den Anfang machen. Ich kann Ihnen nur eine Anleitung dazu geben. Die Arbeit an sich selbst wird direkt zur Notwendigkeit, um in einer vom Jugendkult dominierten und konsumzentrierten Zeit zu überleben. Wenn Sie diese Arbeit bewusst betreiben, werden Sie bedingungslos leben, anstatt von anderen gelebt zu werden. Um das eigene Leben deuten zu können, müssen Sie mit Distanz sich selbst betrachten. Nur so können Sie auf das eigene Leben blicken und die Zusammenhänge erkennen und deuten. So haben Sie die Chance, Ihr Leben zu rekapitulieren und Kurskorrekturen vorzunehmen.

Leben Sie Ihr Leben und nicht das von anderen!

Ich wünsche Ihnen, dass Ihnen der Spagat zwischen Eigensinn und Anpassung gelingt und Sie eine Lebensform finden, die Ihre Identität widerspiegelt.

Ich wünsche Ihnen Selbstvertrauen, Lebenskraft und Vitalität und hoffe, dass die eine oder andere Anregung aus diesem Buch Ihnen hilft, Ihre Anlage als einzigartige und besondere Persönlichkeit zum Ausdruck zu bringen.

Sich auf den Weg zu machen und Best Ager zu werden, wird der Grundstein für ein neues Selbstbewusstsein und für psychisches Wohlergehen im mittleren und späteren Lebensalter sein.

Bevor ich mich von Ihnen verabschiede, möchte ich Ihnen noch einen inspirierenden Satz mit auf den Weg geben:

> *„Wenn der Wind der Veränderung weht,*
> *bauen die einen Mauern – die anderen Windmühlen."*
>
> Mao Tse-tung (1893–1976)

Bei all Ihren Unternehmungen wünsche ich Ihnen das Beste.

Anhang

Danksagung

Dank möchte ich all denen sagen, die mich während des Schreibens an diesem Buch auf unterschiedliche Weise unterstützt haben:

Meinem Freund, Dr. Jürgen Stepien für seine Unterstützung und die vielen Tipps während meiner Recherche zu diesem Thema.

Ganz besonders verpflichtet bin ich den »Querdenkern« Ernst Wollenberg und dem Wissenschaftler Dr. Gerhard Steidl, die mir nicht nur Rede und Antwort gestanden haben, sondern auch spontan und unbürokratisch »ihren Beitrag« vorab gegengelesen haben.

Meinen Freunden und meiner Familie danke ich für ihre Geduld und ihr Verständnis, wenn ich mal wieder die Arbeit an diesem Buch unserem Zusammensein voranstellte.

Dank auch an meine Lektorin Gabriele Berding für ihr Vertrauen in meine Buchprojekte und dafür, dass sie sich immer für meine Belange eingesetzt hat.

Und wieder danke ich meinem Mann für sein Geduld – während der Zeit des Schreibens – und seine Nachsicht und wiederhole aus tiefstem Herzen

Thank you for loving me

Literaturverzeichnis

Artv-Wollenberg: Krebs-Bankrott – der Film, Berlin 2003

Bailey, Philip M.: Psychologische Homöopathie. Persönlichkeitsprofile von großen homöopathischen Mitteln, Knaur Mens Sana, München 2000

Batmanghelidj, F.: Allergien, Asthma, Lupus, Wasser hilft; VAK Verlag, Kirchzarten 2002

Batmanghelidj, F.: Wasser – die gesunde Lösung. Ein Umlernbuch, VAK Verlag, Kirchzarten 2002

Bolles, Nelson Richard: Durchstarten zum Traumjob. Das Bewerberhandbuch für Ein-, Um- und Aufsteiger, Campus, Frankfurt am Main 2001

Brecht, Bertolt: Die unwürdige Greisin, aus: Werke. Große kommentierte Berliner und Frankfurter Ausgabe, Band 18, Suhrkamp, Frankfurt am Main 1995

Büchel, Kurt G.: Heilen verboten, töten erlaubt, C. Bertelsmann, München 2003

Burkhart, Margit: Gewöhnen Sie sich das Altern ab!, Herbig, München 2001

Calatin, Anne: Die Rotationsdiät, Heyne, München 1999

Ehret, Arnold: Vom kranken zum gesunden Menschen durch Fasten, Waldthausen, Ritterhude 1993

Emoto, Masaru: Wasserkristalle, KOHA-Verlag, Burgrain 2001

Flade, Sigrid: Diät für Allergiker, Eigenverlag, München 1999

Hirneise, Lothar: Chemotherapie heilt Krebs und die Erde ist eine Scheibe, Sensei, Kernen 2001

Kirschner, Josef: Die Kunst, ein Egoist zu sein. Das Abenteuer, glücklich zu leben, auch wenn es anderen nicht gefällt, Knaur, München 2000

Klein, Stefan: Die Glückformel, Rowohlt, Reinbeck bei Hamburg 2002

Lagerfeld, Karl/Houdret, Jean-Claude: Die-3-D-Diät, Steidl 2002

Leshan, Lawrence: Psychotherapie gegen den Krebs, Klett-Cotta, Stuttgart 1999

Pert, Candace: Moleküle der Gefühle, Rowohlt, Reinbeck bei Hamburg 2002

Steidl, Georg: Das Rizol-Buch, Eigenverlag, Allersberg

Tilden, John H.: Mit Toxämie fangen alle Krankheiten an, Waldthausen, Ritterhude 1996

Vithoulkas, Georges: Medizin der Zukunft, Wenderoth, Kassel 2002

White, Kate: Die 9 Geheimnisse von Frauen, die alles bekommen, was sie wollen, Marion von Schröder, München 1999

Wollenberg, Ernst: Krebs-Bankrott, Driediger, Hagen 2003

Seminare und Workshops

Seminare, Workshops, Einzelcoaching mit Margit Burkhart:

Isolation, mangelnde Kommunikation und fehlende Unterstützung ist einer der Hauptgründe dafür, dass wir den eigentlichen Höhepunkt unseres Lebens als Tiefpunkt erleben können. Auf uns alleine gestellt, verlieren wir oft den Mut, fangen vielleicht gar nicht erst an oder geben frühzeitig auf, die zweite Hälfte unseres Lebens als eine Zeit des persönlichen Wachstums zu erleben. Aus diesem Grund werden im deutschsprachigen Raum **Best-Ager-Teams** gegründet, die in einem Drei-Monats-Programm auf ihrem Weg zu individuellen Entwicklungs- und Verwirklichungsmöglichkeiten unterstützt werden. Die TeilnehmerInnen unterstützen sich später selbstständig durch regelmäßige Treffen.

Sollten Sie Interesse daran haben, ältere Menschen in Veränderungsprozessen (Pensionierung, Sinnsuche, Gesundheit etc.) professionell zu begleiten, zu beraten und sie sowohl im beruflichen als auch im persönlichen Wachstum zu unterstützen, besteht die Möglichkeit, sich zu von Margit Burkhart lizenzierten **Best Ager Coaches & Trainer** ausbilden zu lassen.

Wir bauen ein professionelles Coach- und Trainernetzwerk auf, bei dem Sie ab 2006 kompetente Begleiter in ganz Deutschland finden.

Nähere Informationen erhalten Sie – auch über »Gewöhnen Sie sich das Altern ab!«-Seminare – von:

Margit Burkhart
Gröbenzeller Str. 116
82140 Olching
Telefon: (0 81 42) 59 31 10
Telefax: (0 81 42) 59 72 23
www.margit-burkhart.de
oder www.best-ager-coaching.de
E-Mail: margit.burkhart@t-online.de